接客・会話 5つの魔法

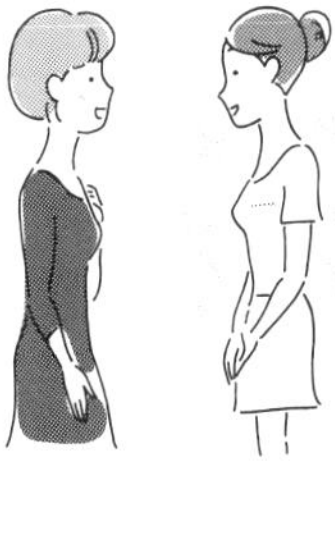

お客様の
「喜び」「納得」
「満足」を
120%引き出す!

エステ王子こと
小野浩二

BAB JAPAN

はじめに

ＷＥＢが普及して以来、今まで、チラシやＤＭなどの紙媒体での集客が多かったところから、ＷＥＢでの集客が増え、さらに、美容系ポータルサイト（ホットペッパービューティ、ルクサなど）も増えてきました。それにともない、エステサロンに来店されるお客様の層も変わってきました。

以前はお悩みが強いお客様がほとんどでした。しかし、ＷＥＢのポータルサイトが普及してからは、そこまで悩みは強くないが、今よりキレイになれたらうれしいという客層、いわゆるライトユーザーが増えました。このようなお客様は、リピーターになりにくいお客様です。また、年々エステサロンが増え、他サロンでも同じような内容のエステをしているため、ほかを見てから検討したいというお客様も増えました。

この頃から、サロンでの契約率が低くなった、物販を買ってくれないなど、サロンからのお声が増えてきました。

しかし、ライトユーザーが増える中でも、契約率の高いエステティシャン、たくさん物販をするエステティシャンが存在しているということは事実です。

売れるエステティシャンと売れないエステティシャンでは、何が違うのか？

私が長年サロンの研修を行う中で、売れている人が必ず持っているものがあります。

それは、**「仕事に対する絶対の自信」**。

そして、**「お客様にキレイになってほしいという気持ち」**です。

しかし、このようなことをお話しすると、

「私も、仕事に対する自信はある。そして、お客様にキレイになってほしい気持ちだってあります」

と言う方がいらっしゃいます。

では、なぜ売れないのか？

実はもう一つ大きなポイントがあるんです。

それは、**売れない人は顧客心理がわかっていない**ということ。売れている人は、本能的に、どうしたらお客様が喜ぶのか、どうすれば、欲しいと思うのかなど、心理的要素をわかっているんです。

「施術の結果が出たことはわかるんだけどなぁ……」

「なんか通う気になれない……」

お客様はキレイになりたいと言っているのに、なぜ、本気になれないのか？

結果が出ているのに、なぜサロンに通わないという判断をしてしまうのか？

エステは最高の職業であり、すべての女性に施術を受けていただきたい。私はそう本気で思っています。悩みを持っているお客様が、一歩踏み出せないでいるところを、背中を押して、美しさの世界へ飛び込めるようにしていくこと。それがエステティシャン、セラピストの仕事です。

そのためには、
どうしたら、人は本気になるのか？
どうしたら、人は行動するのか？
どうしたら、人は信用してくれるのか？
どうしたら、お客様に安心感を与えられるのか？
どうしたら、商品の良さが伝わるのか？
どうしたら、その場でやりたいと決断するようになるのか？

など、**お客様が商品を買う心理**を理解していなければなりません。

しかし、多くのエステティシャンやセラピストは、このような心理に基づく接客を学んでないのが現状です。

そこで今回は、人の心理に基づく接客についての事例、トーク例も含め、具体的にわかりやすく執筆させていただきました。

この書籍を最後まで読んでいただければ、「売れる」エステティシャン、セラピスト、ネイリスト、美容師……になるためのコツやポイントが理解できるようになります。そして、繰り返し練習し、スキルを身につけていただければ、半年、1年であなたのサロンは大きく変わるはずです。

なぜなら、今までたくさんの方が、私の考え方を取り入れ、顧客心理や接客スキルを身につけて「売れる人」へと変わるのを見てきたからです。

・新規契約率が30パーセントだった人が、60パーセントへ。
・化粧品販売が月間10万円だったサロンが、1年後に150万円に。

・一人サロンさんで、月間売上30万円だったところからわずか半年で100万円までUP。
・3店舗のサロンの契約単価が15万円だったのが、1年で25万円に。利益2000万円UP。
・大手サロンの契約単価30万円が、1年後に58万円に。
・個人サロンさんのリピート率が4割だったのが、8割へ。
・1店舗のサロン売上が、2年で250パーセントUP。
・物販比率10パーセントのサロンが、1年で45パーセントへ。
・年間売上800万円の個人サロンが、3年後に3000万円のサロンに。

いかがですか？　これは、成功サロンのほんの一部です。

このようなことがあなたのサロンでも起こり得るのです。ワクワクしませんか？

さあ、次はあなたの番です。ぜひこの書籍を上手に活用して、素敵な未来を築いていってください。

もくじ

接客・会話　5つの魔法

第1章 気持ち編
お客様に「売らない」のは失礼

第2章 姿勢編

「姿勢」は「信頼」という絆を結ぶ

第3章 言葉・会話編

「言い方一つ」ですべてが変わる

第4章 接客編

「あなたから買いたい」とお客様に思わせる

第5章 心理編 7つの基本テクニック

第6章 心理・上級編
お客様の満足度を最高に高めるテクニック

第1章

気持ち編

お客様に「売らない」のは失礼

話すことが苦手でも信頼される

お客様の話に耳を傾ける

セラピストは技術職と思っている方も多いのではないでしょうか？　営業は苦手とか、話すのは得意ではない、という方も多いはずです。私自身、大手サロンで働いている新人時代はそう思っていました。しかし、あるとき、こんな出来事があったのです。

よくしゃべる先輩に、お客様からクレームが来ました。どんなクレームかというと、先輩のセールスを、お客様が押し売りと感じてしまったのです。

先輩は、会社から与えられたセールストークを一生懸命、お客様に伝えていました。この先輩が決して悪いわけではありません。会社が準備したトークで、お客様に話をしただけなのです。

しかし、お客様からしてみたら、一方的に話をされ、気分を害してしまったということです。このとき、**ただ商品の説明をすればいいというわけではない**、ということに気づきました。

もともと話すのが得意ではなかった私は、それ以来、お客様のニーズを引き出すことを意識して、会話をするようになりました。つまり、自分が話すのではなく、質問して、**お客様に話してもらう**ことを意識したのです。

お客様が話したことに一生懸命に耳を傾け、あいづちを打ち、熱心に聞くことを心がけていると、お客様はどんどん自分のプライベートな話や悩みをしてくれるようになりました。

これは、お客様が私を信頼してくれ、話をしてくれるようになったということです。

このようにお客様から信頼を勝ち取ることができた私は、「そういうお悩みがあるなら、当店では○○という商品があるので一度試してみませんか？」と言うだけで商品が売れるようになったのです。いくら話し上手であっても、商品説明が流暢《りゅうちょう》でも、一方的に話をするだけでは、お客様の心には響かないケースが多いということなのです。

話すことが苦手な人こそ、お客様の話をしっかりと聞くことができ、**寄り添う接客**を意識できるようになるはずなのです。

お客様が心を開いて話してくれるようになると、セラピストへの信頼が一気に上がり、お客様への提案が通りやすくなり、商品も自然と売れるようになるのです。

魔法の気持ちポイント

セールストークには、話す力ではなく、**お客様の悩みを引き出す「聞く力」**が必要です。

肌荒れに
悩んで
いるんです。
それと
シミも…
それは
大変ですね

マインドがスキルを上まわる

「プロ意識」の重要性

私は、年間200回以上の研修やセミナーを行い、たくさんのエステティシャン、セラピストとお目にかかっています。最も多い依頼は、商品の販売や新規客へのカウンセリング方法について教えてほしいというものです。

具体的には、カウンセリング時のヒアリングの方法、お客様とのコミュニケーションのとり方、セールストークなどです。研修を行うときは、1年かけて、カウンセリングや販売のスキルを学んでいただきます。たいていのエステティシャンは、研修を受けると、カウンセリングの契約率、客単価が上がっていきます。しかし、ごくまれに1年研修を受けても契約率、客単価が思うように上がらない人がいます。このような人に当てはまる共通点は、「マインド」が伴っていないということです。

サロンへの自信、エステティシャンという仕事に対する誇り、そしてエステは女性にとって何よりも必要なものであるという考えを持つ、プロ意識が欠けています。販売スキルを身につけても、このマインドがなければ、売上は思うほど上がりません。

逆に、販売スキルがなくても、マインドがあれば商品が売れることがあります（販売スキルがないと、押し売りと感じられることが多くなりますが……）。

マインドと販売スキルの両方が身についたら、お客様への販売力は劇的に上がります。押し売りにならず、お客様が自然と商品を欲しくなり、いつの間にか商品が売れていくようになります。

魔法の気持ちポイント

あなたがこの仕事を始めた頃の気持ちを思い出してください。プロとしての誇りを持ちましょう。

プロ意識を持つことで一気に信用が高まる

仕事に絶対の自信を持つ

エステティシャンやセラピストは人をキレイにし、癒やしを与えることのできる素晴らしい仕事です。しかし、サロンを開業し、行き当たる壁は売上です。そんな方が口をそろえておっしゃるのが、「私は売るのが苦手です」ということ。

新規のお客様に、契約（クロージング）で「検討します」「考えます」と言われ、結局、売れない……そんな方、多いのです。「検討します」「考えます」と言われる原因は、たくさんあり、それを防ぐためのテクニックもいろいろありますが、根本的なことをお伝えすると「マインド」の部分になります。そのマインドとは「プロ意識」です。エステティシャンやセラピストという仕事を、どこまで誇りに思っているのか。

「どんな仕事よりも、エステが一番」「どんな仕事よりも、セラピストが最高」そんなふうに思っていますか？

エステティシャンやセラピストは、お客様の人生を変える仕事です。なぜなら、エステをすることで、女性は鏡を見たとき、「小さなシワが消えた、シミが薄くなった」と思い、肌を触ったら、「いつもよりハリがある」と気づき、メイクをするときに、「化粧ノリがいい」と感じ、気分が上がります。

また、朝、着替えをするとき、「パンツがスッと入るようになった」。朝起きたら、「むくみがない」「体が楽」というような小さな幸せを味わうことができるんです。

小さなことかもしれませんが、この小さな幸せが、人生を大きく変えます。朝、化粧のノリがいい、小じわが目立たないだけで、1日気分がよくなります。この小さな幸せ、ちょっとした幸福感があることで、笑顔の数が増えたり、怒る回数が減ったり、人に優しくなれたりします。

つまり、人との関わりが変わるのです。人との関わりが変われば、人生は大きく変わります。そして、**お客様は施術を受けることで、今よりも美しく、健康になれ、人生をいつまでも若々しく過ごすことができます。**

こんな小さな幸せを感じながら、毎日を送ること、そして、いつまでも若々しく美しくいられることが、女性にとって最高の幸せなはずです。少なくとも私はそう思い、店長時代、お客様に接していました。

だからお客様にも、「絶対にエステをしたほうがいい！」と自信を持って、お伝えしました。お客様は、その私の気持ちを信じて、ご契約くださったんだと思います。

魔法の気持ちポイント

あなたの仕事は、お客様の人生を幸せにします。あなたの施術でお客様が幸福感に包まれるなら、あなたはどのようにお客様に接しますか？

商品は店のためにあるのではない

お客様の美と健康を考える

サロンでは、お客様により良い結果を出していただくために、店販用の化粧品やサプリメントなどの仕入れをされているはずです。しかし、売れない施術者は商品を買っていただきたいのに、その商品の話をしない。そして、話したとしても、売りつけられたと思われたくないので、売ることを隠しながら説明する。何か悪いことをしているかのように、よそよそしく話をする。

このような接客で果たして商品は売れると思いますか？

絶対に売れません。もし、あなたがお客様なら、こんな人から商品を買いたいと思うでしょうか？　おそらく買いたいとは思わないはずです。

大切なのは、**商品は誰のためにあるのか？**　ということです。もちろんサロンの売上のために仕入れているはずですが、それ以上に大切なのは、**「商品はお客様のためにある」**ということです。自分のサロンのためではなく、お客様のためであるという考え方を持ってください。

あなたが仕入れをするとき、お客様に使ってもらったら、もっといい効果が出るだろうと思っているはずです。サロンに来店されるお客様全員に使ってほしい、そんな気持ちがあるはずです。

商品はお客様のためにあるのです。サロンの売上は二の次です。お客様の美しさへの貢献、健康への貢献、そんな想いでサロンを始めたはずです。お客様が商品を使ってくれれば、結果への満足度は高まり、エステティシャンの信用はさらにアップします。その信用が得られることで、また、お客様はあなたから商品を買うようになり、そしてまた、美しさが増し、健康になります。

自分のために商品を買っていただくのではなく、**お客様の結果、満足度の向上のために商品を買っていただく**のです。何度も繰り返しますが、商品はサロンのためにあるのではなく、お客様のためにあるのです。

この考え方を持てるようになれば、商品に自信を持って、堂々とお客様にお話しすることができるようになります。

魔法の気持ちポイント

サロンの商品は施術の効果を持続させ、お客様により満足いただくためにあります。
サロンやあなたのためにあるのではありません。

サロン商品は売らないほうが失礼

サロン商品が売れない理由

以前、とあるサロンの研修に伺ったときのことです。サロンの控室に化粧品が山のようにあったので、「この商品たくさん売れているんですね」とオーナーさんに問いかけたら、そのオーナーさんはこう答えました。「逆です。半年前に、売れると思い、仕入れたのに全然売れないんです。何とかしたいんです」と。

「少し高いんですが、今販売している化粧品よりも、効果がすごいんです」とオーナーさん。それなのに、なぜ売れていないのかを聞くと、「値段が高いからか、スタッフがお客様にあまり話をしないんです」と答えてくれました。ということで、この商品を販売できるように研修をすることになったのです。

私は、まず、スタッフさんに、なぜ売れないのかを聞いたら、オーナーさんがおっしゃるとおり、「高い」という意見が多かったのです。そこで質問を変え、どうしたら売れるようになると思いますか？と聞きました。

そうしたら、

「もっと知識があれば話ができる……」

「キャンペーンにしたら伝えやすくなる……」

「化粧品のお試しをできるようにすれば……」

などいろいろな話をしてくれました。

これらの意見をまとめ、さらに、どうしたら売れるのかなど、販売スキルの研修を重ねました。そうしたら、なんと、半年で5万円分くらいしか販売できなかったのが、1か月で70万円の売上を上げることができたのです。

次の研修のとき、私は店長に、お客様の反応はどうだったかをたずねました。すると、あるお客様に「なんでもっと早く、この商品を紹介してくれなかったんですか？」と少し怒られ気味で言われたそうです。

そのお客様は、商品を使ったところ、お肌が今までにないくらいしっとりして、ハリが出たと、すごく気に入ってくださったようです。

もし、この商品をお客様に半年前にご紹介をしていたらどうでしょう。このお客様は、半年前から満足のいくお肌を手に入れることができたということです。

つまり、**結果が出るような商品であれば、お客様に紹介しないほうが失礼にあたる**ということです。

魔法の気持ちポイント

あなたは「お客様」ではありません。欲しいか欲しくないかは、お客様が決めることです。

お客様がサロンに来る本当の目的を理解する

お客様の来店動機

サロンの商品をまだ使っていないお客様に、商品のご紹介をしたとき、「今はいらないわ」とか「今は必要ないわ」などと、断られることがあると思います。物販が苦手なエステティシャンやセラピストは、お客様のこの言葉を鵜呑《うの》みにして、「そうなんですね。わかりました」と言ってあっさりあきらめることが多いのです。

あなたはいかがですか？　このエステティシャンと同じように、あきらめますか？

「え⁉　いらないと言っているんだから、それ以上話をしたら押し売りだと言われ、クレームになる」そう思っている人も多いと思います。

なぜ、お客様は「必要ない」と言われたのでしょうか？
よく考えていただきたいのですが、そもそも、お客様はなぜサロンに来られたのですか？　今の悩みを解決したいと思っていたり、今よりももっと良くなりたいと思っていたりして来店したはずです。しかし、なぜ、今の悩みが解決していないのに、その悩みを解決することができる商品を断ったのか？

それは、お客様自身が、そもそもどんな悩みを持っていて、どんな自分になりたいのかというのを忘れている人が多いからです。だから、別に今は必要ないと言ってしまうのです。
もちろん、エステティシャンの商品の伝え方、信頼の獲得などに、問題を抱えていることも多いのですが、そもそも、お客様がいつからか、サロンに来る意味を忘れていることがあるのです。

つまり、エステティシャンは、常に接客のときに、**お客様のお悩みを聞き出し、目標や、**

なりたい自分とはどんな自分なのかを話してもらう必要があります。そうすることで、お客様自身に、なぜ、サロンに通っているのかということを認識してもらうことができるのです。

このような意識をもってもらうことで、お客様の商品に対する興味の抱き方が変わります。そして、お客様がなぜ、サロンに通っているのかということをエステティシャンが把握していれば、一度断られても、もう一度商品についてお伝えしたくなります。

魔法の気持ちポイント

施術中、お客様の悩みがどのように解消されているか、新たに気になるところなど、来店目的を意識させる会話を心がけましょう。

買わないと思っているのは自分だけ

情報を知るのはお客様の権利

あのお客様、買わないと思います……。あのお客様は必要ないだろうな……。

私がエステティシャンとしてサロンで働いていたときによく思っていたことです。

あなたは、こんなふうに思うことはありませんか？

サロンで研修をしていると、売れないエステティシャンの多くは、私が売れなかった時代に思っていたことと、同じようなことを思っています。

そんなとき私は必ずこんな質問をします。

なぜ、買わないと思うんですか？

そうすると

「あのお客様、主婦なんですよ……」

「先月違う商品を買ってもらったので……」

「今使っている化粧品、結構気に入ってそうだし……」

「あのお客様はあんまり悩んでなさそうなので……」

「たぶんあのお客様はご主人に相談するって言うと思います……」

こんな言葉がよく出てきます。

よく考えていただきたいのは、**この言葉はすべて憶測でしかありません。**

本当に主婦は買わないのか？

先月商品を買った人は今月、本当に買わないのか？

結構気に入ってそうだし……本当に気に入って使っているのでしょうか？

あんまり悩んでなさそうだし……本当は悩んでいるかもしれません。

「ご主人に相談すると思います」……ご主人に相談する可能性は１００パーセントですか？

大切なことは、あなたの思い込みで、商品をお伝えする、しない、というのではなく、**お客様と常にコミュニケーションをとり、信頼を得、本当のニーズを聞き出しておく**ことです。そして、商品を売るという発想ではなく、美容や健康、癒やしの業界ではこんな商品があるんだという、**情報提供**だと思ってお客様に紹介してください。そのときに、必要だったら購入してくれますし、必要ないと感じたら購入にならないということです。そこに、あなたの思い込みはいりません。思い込みがあるだけで、お客様が本当は使うはずだったものが使えないなんてこともあります。

エステティシャン時代のあるとき、私が、絶対に化粧品は買わないだろうと思っていたお客様がいました。普段は私が接客をしていたのですが、たまたま予約の関係で、違うスタッフがそのお客様に入ったのです。

すると、なんと、化粧品を買うはずのないお客様が、そのスタッフから化粧品を買っ

たのです。なぜ私が買わないと思っていたかというと、その女性は化粧品販売員をされていたからです。私は、きっと気に入っている商品があるはず、と思い込んでいました。

そうしたら、違うスタッフが、その商品の必要性や特徴を伝えたところ、すんなり買ってくださったそうです。結果そのお客様は、その商品を気に入ってくださり、商品のヘビーユーザーとなりました。

もしお客様が商品を使うことがなければ、お肌の改善も見られなかったですし、商品のユーザーにもならなかったということです。

魔法の気持ちポイント

あなたの思い込みで、お客様の「知る権利」「買うチャンス」を奪ってはいけません。お客様へ伝える情報も、いただく料金分と考えましょう。

お客様の「お金がない」「高い」はうそ

コストパフォーマンス

お客様にメニューのご提案、商品の紹介をしたときに、「今、お金がないので買えません」「ちょっと高いので買えません」などと言われ、断られることもあると思います。

そのとき、あなたはどう思いますか？

「お金がないから仕方ないよね」「高いって言われたから、もう少し安くないと売れないのかな」とお客様の言葉を鵜呑みにする人がいます。

では、
お客様は、本当にお金がないと思いますか？
お客様は、本当に高いから買わなかったのだと思いますか？

答えはＮＯです。

「お金がない」というお断りの言葉は、お金がないというわけではなくて、「今、あなたのサービスに出すお金がない」と言っているだけ。「高い」というのは、「あなたのサービスにその値段は出せない」と言っているだけ。

つまり、お客様は、あなたのサービスや説明する商品に価値を感じていないということなのです。

お客様が、**あなたのサービスや商品に魅力を感じ、自分自身にとって価値を感じれば、お金を使いますし、高くても購入してくださいます。**

魔法の気持ちポイント

商品でも、サービスでも、もちろんあなたの施術に対しても、お客様は価値を感じれば、お金を払います。「価格以上」の価値、あなたはお客様に提供していますか？

あなたの「自信」が購買率を上げる

お客様があなたに望むこと

突然ですが、あなたが病気になって、病院に行ったとします。そのとき対応してくれたお医者さんが、「た、たぶん、大丈夫だと思います」「えー、お、おそらく、風邪だと思うんですが……」「とりあえずお薬を出しておきましょうか」などと、自信なさそうに言ったら、どうでしょうか？　このお医者さん、大丈夫かな？　信用できるかな？　などと思うはずです。

では、「これは風邪ですね。大丈夫ですよ。2、3日、薬を飲んで安静にしてもらえればよくなりますよ」と言われたらどうでしょう。病気に対する不安がなくなり、安心できますよね。病は気からというように、お医者さんに自信を持って言われたら、すぐに治る気がするはずです。

これはサロンでも同じです。新規のお客様は常に不安を抱えています。**サロンで何より大切なことは、お客様の不安を取り除き、安心を与えること。**そのためには、エステティシャンが自信を持って話をすることが必要です。なぜなら自信のなさは、お客様に不安を与えてしまうからです。

自分のサロンのメニューや商品を、自信を持って伝えることが、お客様に安心を与えることになります。その安心感は、商品購入のポイントにもなります。

お客様に自信が伝われば、安心感、信頼感につながるので、商品の細かい説明や根拠など話さなくてもよいケースまで出てきます。

悩みを持っているお客様は、「私はどうしたらいいのか」を、自信を持って決めてほしいと思っているのです。**堂々と自信を持って接客することは、お客様への「おもて**

なし」になります。たとえ、あまり自信がなかったとしても、自信があるふりをすることも重要なことです。

もし、自分に自信を持てないという人がいたら、それは、誰にも負けないくらい、努力し、知識や技術を身につけ、アウトプットすることです。この努力は必ず自信につながります。

魔法の気持ちポイント

「自信がない」と思うのは何でしょう。自信が持てるまで徹底的に学び、練習しましょう。プロとしての自信はそこから育ちます。

第2章

姿勢編

「姿勢」は「信頼」という絆を結ぶ

お客様はそもそも信頼のない人の話は受け入れない

信頼なくして顧客なし

あなたは、お友だちや知り合いの中で、嫌いな人はいますか？　おそらく友だちの中に嫌いな人はいないと思います。嫌いな人がいたら、連絡を取ろうと思ったり、一緒に遊んだりはしないはずです。

それなら、友だち関係ではなくて、会社の同僚や学生時代の同級生の中に嫌いな人はいますか？　多くの人はいるのではないでしょうか。あなたはこのような人たちを信頼できますか？　おそらくできないはずです。

もし、嫌いだと思っている同僚や知人に、何かお願いされたり、本当かどうかよくわからないあいまいな話をされたりしたら、素直にお願いを聞いたり、話を信用したりするでしょうか？　ほとんどの方はしないと思います。

では、これがまったく知らない人だったらどうでしょうか？　おそらくもっと信じないはずです。

サロンに来店される新規のお客様というのは、このまったく知らない人間関係の中で、サービスを受けたり、商品の説明を聞かなければならないのです。お客様はサロンのことやあなたのことを知りつくして来店することはありません。

お客様は知らないサロン、知らないセラピストに会いにサロンに来ます。「このサロン大丈夫かな」「どんなセラピストかな」「マッサージはうまいかな」などという不安要素の強い感情を持って来店されます。あなたは、そんな中で接客やカウンセリングをしなければなりません。

そして、**信頼を得ることができなければ、二度とサロンに来ることはありません。**

お客様に話を聞いてもらうため、お客様の話を詳しく聞くためには、まず信頼を得ることです。どんなにいい技術をもっていても、どんなにいい商品を販売していたとしても、**お客様との間に信頼がなければ、その技術や商品の良さはお客様には伝わりません。**

あなたは、どんなセラピストなら信頼できますか？　そして、どんなセラピストなら安心して、話を受け入れられますか？

あいさつの仕方、笑顔や表情の豊かさ、しぐさ、態度など、信頼を得るポイントはたくさんあります。日頃から、お客様から信頼を得るためには、何が必要なのかということを考えながら、仕事に取り組むことが重要です。

魔法の姿勢ポイント

はじめてのお客様と築く信頼の第一歩は、お客様がサロンに足を一歩踏み入れたところから始まっています。

エステティシャンは見た目が10割

印象の初頭効果

人は見た目で90パーセント程度判断するといわれます。特に接客業をする人にとっては、第一印象というものがいかに大切かということはわかると思います。

たとえば、あなたが買い物に行ったとき、笑顔がなく、小さい声であいさつをする店員さんがいたらどうでしょうか。いい印象を持たないはずです。人は必ずといっていいほど、第一印象で人を判断します。

「さわやかな人だなぁ」「感じのいい人だなぁ」「怖そうな人だなぁ」「不潔な人だなぁ」などなど、ほかにもいろいろな印象を持つはずです。「さわやかな人」「感じのいい人」には話しかけやすいと思います。逆に、「怖そうな人」「不潔な人」には、あえて話しかけることはしないと思います。これはエステサロンでも同じことがいえます。いくら知識があって、話がうまくても、第一印象で損をしてしまうことがあります。**新規客を迎える基本として、第一印象をよく見せるような格好をしましょう。**

第一印象はまず外見（制服、髪型、靴、眼鏡、メイクなど）で判断されます。外見でのポイントは清潔感があるかどうかです。制服の汚れやボタンのほつれ、ボールペンの汚れ、靴の汚れなどは意外に自分では気づきにくいものです。毎日少しずつ汚れる制服は特に気づきにくいので、新品の制服をサロンに1着用意して、常に比較できるようにしておきましょう。

髪形や髪の色は印象を大きく変えます。たとえば、金髪の人にはどんな印象を抱きますか？　また、黒髪の人にはどんな印象を抱くでしょうか？　髪の色は、暗すぎず、明るすぎないのが理想です。また清潔感が出るように髪の毛をまとめ、施術の際に前髪がたれてこないようにしましょう。

第一印象を変えるには200～300時間かかるともいわれます。新規のお客様に悪い第一印象を抱かれたら、もうサロンにはリピートしないと思っていいでしょう。

だから、エステティシャンは見た目がすべて、「10割」なのです。

第一印象が悪いだけで、知らず知らずにお客様を逃していることがあります。お客様を逃がしているということは、売上げを逃しているのと同じことです。契約率やリピート率を上げる第一歩は、良い第一印象を与えることです。

魔法の姿勢ポイント

初頭効果とは、人は最初に与えられた情報に、最も大きく影響されるということです。第一印象がよければ、初頭効果でお客様との信頼関係も築きやすくなりますが、第一印象が悪かった場合、お客様はもう二度と来ません。まわりの人に自分の印象を聞き、よくない部分は改善していきましょう。

印象づくり

「できるセラピスト」かどうかは、姿勢で決まる

人はできる人の話はよく聞きますし、信用します。セラピストにとって大切なことは、自分の話を信じてもらい、納得してもらうことです。そうすることで、お客様はセラピストの言葉を信じて、来店されたり、ホームケアを行ったりして、現状のお悩みを解決していきます。

そのためには、**「このセラピストはできる」**と思ってもらうことが大切です。

ポイントになるのが態度で、姿勢、歩き方、座り方を指します。中でも、できるセラピストを演じる大きな要素は姿勢です。外見は素晴らしいのに、立ち振る舞い、歩

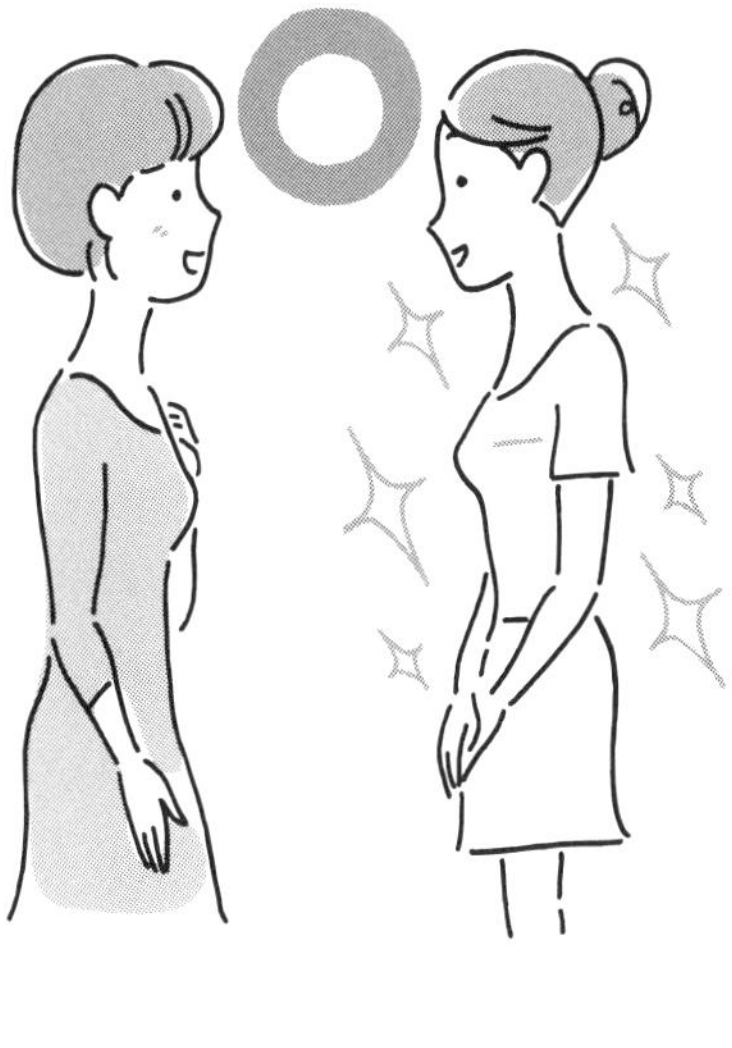

き方が悪いと、一気に印象が下がってしまいます。お客様に、美や癒やし、健康を提供するわけですから、姿勢には人一倍気をつけなければなりません。

たとえば猫背では、美しさや若々しさは感じません。自信がなく、不健康な印象を抱かせてしまいます。

背筋を伸ばし、胸を張ることが「できるセラピスト」という印象を与えます。しかしここで注意しなければならないのは、アゴを上げないこと。アゴを上げた姿勢は、高圧的な印象を与えてしまいます。またその姿勢に、お客様は見下されていると思ってしまうことがあります。

歩き方も大切です。がに股、内股、大股歩きはダメです。また靴をすりながら歩くのもダメです。足を組んだり、足を広げて座ったりしないようにしましょう。足を組むと性格がきつい印象を与え、生意気に見えます。足を広げるのは品がなく、美に対する意識も低く見えます。

足だけでなく、腕を組んで話をするのもダメです。

魔法の姿勢ポイント

歩き方、座り方は無意識にしているので、意識しないとなかなか直りません。まわりの人が気づくたびに指摘してもらい、徐々に直していきましょう。

笑顔の威力

「正しい」笑顔で安心を与える

初めてサロンに来店される、ほぼすべてのお客様は、少なからず不安を抱えています。この不安を取り除かなければ、お客様はリピートされません。**笑顔はその不安を取り除く効果があります。**笑顔のない状態でお客様を迎えると、お客様を緊張させてしまいます。そうなったとき、お客様はセラピストに対して、さらなる不安や警戒心を抱くことになります。

不安や警戒心といったネガティブな感情は、コミュニケーションをとりづらくし、その後のサロンでのカウンセリングや接客に、大きな影響を与えます。

初対面で、笑顔の人と無表情の人がいたら、どちらの人と話をしたいと思うでしょうか？　また、笑顔の人と無表情の人を見たとき、どちらがいい人と思うでしょうか？　一目瞭然ですよね。笑顔の人と話したいと思うし、笑顔の人のほうがいい人と思うはずです。

多くのセラピストは、しっかりと笑顔でお客様を迎えていると思っています。しかし、ここに落とし穴があります。以前私が研修をしていたサロンの幹部10名ほどで、笑顔の練習をしたときのことです。幹部の方1人ずつに、普段どんな笑顔であいさつをしているかやっていただきました。

残りの人たちは、お客様に安心を与える笑顔ができているという場合は○、できていないと思ったら×を出す。全員が○を出し、お客様に安心を与える素敵な笑顔をしていれば合格、そうでなければ不合格というのをやりました。

結果は、半数以上の人が不合格でした。

これはどういうことかというと、自分は素敵な笑顔をつくれていると思っているけれども、まわりの人はそう思っていないことが多くあるということです。**笑顔づくりは、自分一人で練習するのではなく、周囲の人に笑顔を評価してもらいながら練習する**のが大切です。

初対面における第一印象は、相手の中に強く刻まれてしまいます。初めて来店されるお客様が安心してサロンで過ごせるかどうかは、セラピストの笑顔の良し悪しといっても過言ではありません。

笑顔はお客様に安心を与え、さらには、セラピストを魅力的に見せます。魅力的なサロンに見せるためには、セラピストが魅力的になることが最も重要なことです。

魔法の姿勢ポイント

新人セラピストから大ベテランのセラピストまで、誰にでもできるのが「笑顔」です。できるセラピストの第一条件、ともいえます。

お客様の信頼を得るあいづちの効果的な使い方

共感を示す言動

サロンでお客様の信頼を得るために何か話さなければ、などと思う方もいると思いますが、お客様の信頼を得る最も簡単で効果的な方法があります。それはあいづちです。

お客様との会話であいづちを打つと、お客様は「この人は、私のことを受け入れてくれている」「この人は真剣に私の話を聞いてくれている」と思わせることができ、信頼を得ることができるのです。

たとえば、あなたが悩みを相談するとき、相手の人が、話の節々で効果的にあいづちをしたら、この人は本当に私の悩みを真剣になって聞いてくれているんだなぁと感じるはずです。逆に表情も変えず、あいづちも打たなかったら、この人、私の話を真剣に聞いてくれているのかなと疑いを感じると思います。

だから、**あいづちはお客様の話を聞くときはていねいに打つ**と、お客様の信頼度を上げることができます。

あいづちの打ち方で意味や相手に与える印象が変わりますので、バリエーションを増やしておきましょう。

魔法の姿勢ポイント

「うんうん」というあいづちは基本ですが、これは、相手が安心して会話を続けてくれるようになります。

「さすが」「すごいですね」「知らなかったです」などの言葉は相手の承認欲求が満たされたり、うれしくなったり、気分がよくなったりします。

「はい」は誠実さが伝わり、真剣に話を聞いてくれている感じを出すことができます。

「へー！」「おー！」などは驚きを表現できます。

「そうですよね」「わかります」は共感の空気をつくることができるあいづちで、人間関係の基礎を築くことができます。

あいづちを相手の話に合わせて使うようにしましょう。

あいづちは信頼を得る最高の方法ですが、使い方を間違えると逆効果になるときもあります。

たとえば、ずっと「はい」とワンパターンだったり、「はい、はい、はい、はい」「えー、えー、えー、えー」など繰り返しすぎたりするときは、いい印象を与えませんし、ふざけているのかとも取られがちです。「ふーん」などは、上から目線に感じますので、止めたほうがいいでしょう。

「へー」という使い方は語尾を上げるのか、語尾を下げるのかで印象が変わります。

たとえば、語尾を上げると、相手に驚きや関心をしっかりと伝えることができます。

しかし、語尾を下げてしまうと、上から目線の感じが出てしまったり、無関心の印象を与えてしまったりすることがありますので、気をつけましょう。

また、最初はあいづちを打っていたのに、だんだんあいづちを打たなくなってしまうと、悪い印象を持たれることがあります。**あいづちは、最後までしっかりと打つ**ようにしましょう。

お客様の行動をまねて信頼を得る

ミラーリング

新規のお客様とは、初対面でいきなり話さなければなりません。セラピストの中にはいつも緊張してしまって、なかなか会話がうまくいかず、お客様との距離を縮めるのが苦手という人もいます。

そんなときにまずやるべきなのは、お客様の行動をまねてみるということです。これを**ミラーリング（鏡合わせ）**といいます。

ミラーリングは心理学でいわれる**類似性の親近効果**です。類似性の親近効果によって、自分と共通点があると感じた人には、心を広げやすく、何となく親しみを感じてしまいます。

仲の良い人同士は、同じような行動をする傾向があるということも、ミラーリングの影響です。しかし、やりすぎてしまうとお客様にとっては違和感や不信感などにつながり、逆効果になってしまいます。**さりげなく行うことがポイント**です。

では、具体的に、どのようにするとさりげなく、自然にお客様をまねできるのでしょうか。それは、**お客様の行動から3秒間テンポを遅らせ、まねをする**ことです。ついつい、まねしなきゃと思うと、お客様の行動と同時に行おうとしてしまいますが、1、2秒以内の同調行動は、お客様の顕在意識に入ってしまうので、不自然を感じる方が

多くいます。3秒であれば、お客様の無意識に入ることができるので、まねされたという意識を持たなくなります。

たとえば、カウンセリングをしているとき、お客様が頭を触ったら3秒後に頭に触れたり、鼻を触ったら3秒後に鼻に触れたりします。

このように、お客様に気づかれない同調行動は、「この人は何となく信頼できる」と無意識に思うようになります。

魔法の姿勢ポイント

お客様のしぐさのあと、頭の中でゆっくり3秒数えて同じ行為をします。

真剣さが伝わるメモのとり方

気持ちの伝え方

日常生活の中で大切なことは何かにメモをしていると思います。たとえば、仕事のスケジュール、相手の電話番号、上司から言われたことなどさまざまでしょう。私たちは忘れてはいけないこと、大切なことは必ず手帳などにメモをしています。これはお客様と話をしているときも同じことがいえます。

「メモをする」ことは、お客様と話をしているとき、カウンセリングをしているときにも必ず使いましょう。メモをすることで、「お客様のことを真剣に考えていますよ」というアピールになります。お客様は「私のことを真剣に考えてくれているんだ」というように感じるようになります。

たとえば、エステサロンのお客様は、お悩みを持って来店される方が多くいます。このような悩みを持っているお客様には、誠実で、真剣な対応が必要です。いかに親身になってお客様の話を聞くことができるかどうかで、お客様は心を動かされます。

それにはメモをとるという行動が、効果的なのです。

お客様の前でメモをとるときのポイントは、**お客様に見えるところで書く**ということです。カウンセリング中に、テーブルにメモ用紙やカウンセリングシートを広げて堂々と書いたほうがよいでしょう。

お客様に見えないようにコソコソ書いていると、お客様は「この人は何を書いているんだろう」「怪しい」という感情を持ち、そのスタッフを信用しなくなってしまいます。

また、メモを書きすぎて、お客様の顔をずっと見ないのもよくありませんし、メモの取りすぎで、カウンセリングが止まってしまったり、遅くなったりしすぎるのもよくありません。

重要なポイントのときにメモを取り、普段はお客様の顔をしっかりと見ましょう。

魔法の姿勢ポイント

気持ちだけでは伝わりにくいもの。目に見える行為で、わかりやすく伝える必要もあります。

第3章

言葉・会話編

「言い方一つ」ですべてが変わる

自己紹介で信頼を得るには

権威づけの効用

多くの人は権威のある人の前では、不思議と身構えてしまいます。特にわかりやすいのは、医師や警察官などの前ではないでしょうか。また、弁護士や東大出身、大学教授、社長などと自己紹介されたら、普通の人は少し身構えて話を聞いてしまいます。しかも、このような人たちが話す内容を、疑わずに聞く傾向があります。

このように**人は権威に弱いもの**です。そして、権威ある人、すごいと思う人の話は、素直に聞き入れるのです。

エステティシャンやセラピストは、美容や健康のプロと思われているでしょうが、さらにそこに、**権威づけしたり、「すごい」と思わせたりすると**、素直に話を聞き入れてくれるので、新規客のカウンセリングがスムーズになります。

そのための一つの方法が、自己紹介で、「すごい」と思わせることです。

たとえば、

「本日担当します、佐藤です。よろしくお願いします」よりも、

「本日担当します、店長の佐藤です。よろしくお願いします」のほうが、権威が伝わります。しかし、すごさは伝わりません。

あなたがサロンにおいて、自信をもってお客様に伝えられる「セールスポイント」を、自己紹介につけ加えてみてください。

魔法の会話ポイント

「本日担当します、フェイシャルカウンセラーの佐藤です。フェイシャルカウンセリングを10年間担当しております。わからないことなどございましたら、いつでもご質

問ください」

「本日担当します、フェイシャルカウンセラーの佐藤です。今までのべ一万人のお客様のお肌を見てきました。何かわからないことがございましたら、何でもご質問ください」

専門性がより伝わり、お客様にすごいと思ってもらうことと、安心感を与えることができます。このように最初に、すごさや安心感の伝わる自己紹介をすることで、カウンセリングがスムーズにいくようになります。

お客様をほめる効果をあなどってはいけない

二つの「ほめ」効果

お客様から**好意を得る方法**の一つが、**お客様をほめる**ということです。

人はほめられると気分がよくなるものです。お世辞はウソのほめですが、誰でも、人生の中で1度や2度は、お世辞を言われたことがあると思います。そのお世辞でもうれしくなるものです。

たとえば、幼なじみの男の子や学生時代の友だちの男の子に「今日もかわいいね」と言われ、「またまたぁ、相変わらず調子いいんだからぁ」なんて答えたことのある人もいると思います。これはお世辞とわかっていても、いやな気にはなりません。

つまり、お客様をほめると、**お客様自身がうれしくなり、気分も上がり、質問に対してても答えてくれやすくなり、コミュニケーションをとりやすくなります。**

しかし、リピーターの方を「かわいい」「キレイです」などとほめ続けるには、限界があります。毎回同じようにならないために、髪形、洋服、小物、アクセサリー、メイクなどをさりげなくほめるということを行いましょう。

魔法の会話ポイント

・素敵なお洋服ですね。春らしい感じで今の季節にぴったりですね。
・かわいいアクセサリーですね。そういうの、すごく好きです。
・髪形変えられたんですね。前回も素敵でしたけど、今回も素敵ですね。
・メイク変えられたんですね。素敵な色ですね。

また、ほめると謙遜するお客様が多くいます。そこを利用して、お客様の悩みを聞き出す一つの方法が、ほめるということなのです。

肌トラブルの悩みを引き出そうとしたときに、「お肌で気になるトラブルはありますか？」と聞くと「特にありません」と答えるお客様がいらっしゃいます。

そんなときは相手をほめてから切り出すといいでしょう。そうすると、ついついお悩みを話してくれるお客様も多くいます。**お肌がキレイな方や、トラブルがなさそうな人には、ほめてから悩みを引き出してみましょう。**

魔法の会話ポイント2

スタッフ「○○様、いつもお肌がキレイですよね」
お客様「そんなことはありませんよ」
スタッフ「○○様、お肌の悩みなんか何もないんじゃないですか？」
お客様「そんなことありませんよ。目じりにだってシワがあるし、最近、乾燥もするんです……」

お客様を「いい人」にすれば、会話がスムーズになる

カウンセリングで本音を聞く魔法

サロンでは、新規のお客様にカウンセリングを行います。しかし、カウンセリングを行うときに、お客様がまだ心を開いていなければ、意識的、または無意識的にセラピストを警戒して、本音で話をしてくれなかったり、あいまいな答えを出したりすることがあります。

以前こんな経験をしました。とあるパーティーに友人から誘われたとき、友人の知り合いの社長さんを紹介してもらいました。その友人は、私のことを、どんな仕事をしている人で、どんな人間かを簡単に紹介してくれました。

そして紹介の最後に、「すっごくいい人なんですよ」と言ったのです。それを聞いて、

いい人
なんですよ！
!?

私は、**「悪い人になってはいけない」**と思いながら、その社長さんと会話をしました。

新規のお客様のカウンセリングでは、お客様の悩みや生活習慣などについて質問していきます。しかし、お客様には質問にしっかりと答えていただかないと、お客様に合ったご提案や、正しいホームケアアドバイスができません。

あいまいなお答えでお客様のことを理解できていないときに、ご提案やアドバイスをしても効果は出にくく、結局お客様に、「押し売りをされた」と思われたり、「そのアドバイスは以前やったけど効果はなかったな」なんて思われたりしてしまいます。

こんなふうに思われてしまったら、お客様はそのサロンにはリピートしません。

そんなときは**質問をする前に、次のように、お客様を「いい人」にしてしまう**のです。

魔法の会話ポイント

「鈴木様、本日担当させていただく○○です。よろしくお願いします。そういえば、私のまわりで鈴木という名字の人が３名いるんですが、みんな素敵な人で、いい人なんですよ。だから、鈴木という名前にはいいイメージがあって、勝手に親近感が湧いてしまうんです。なので今日、鈴木様がご来店してくださるのを楽しみにしていたんですよ。本日はどうぞよろしくお願いします。では、ここからいくつかご質問させていただきますね」

カウンセリングでの質問をする前に、鈴木様をいい人にすることによって、鈴木様の心の中には、悪い人にはなれない（相手が持つ自分の印象を悪くしたくない）という気持ちが広がります。そして、質問にはきちんと答えなければならないという、意識が働いてしまうのです。

するとカウンセリングがスムーズになり、聞きたいことにしっかりとお答えいただけるようになります。

悩みのない人から悩みを引き出すテクニック

必ずケアすべきところがある

サロンさんからよく受ける質問です。

「お客様に『お悩みは何ですか？』と聞くと、『特にありません』と答える方がいるんです。そうなると、カウンセリングが進まなくて困ってしまうんです。そんなときどうすればいいですか？」

あなたのサロンではいかがでしょうか？


基本的に、お客様はサロンに何かしらのお悩みを持って来店されます。しかし、ときどき、悩みは特にありません、と言われるお客様もいます。そもそもサロンのカウンセリングは悩みがあることが前提でつくられていますので、悩みがないとなると、カウンセリングにもなりません。サロンに継続して通っていただくための、ご提案もできませんので、お試しだけで終わってしまうことになってしまいます。

ではこのような場合、どのようにして悩みを引き出せばいいでしょうか。実は、**お客様の悩みだけにフォーカスしてしまうと、先に進めなくなってしまいます。**そもそも、サロンに来ているわけですから、絶対に何かしらの悩み、または心配、さらに未来の願望があるはずです。これらを聞いてみましょう。

魔法の会話ポイント

お客様にお悩みがないと言われた場合、

「たとえば、3年後や5年後になりたくないお肌とかはありますか？」

「3年後、5年後にこんなお肌だったらうれしいというお肌はございますか？」

と聞くと、答えてくださるお客様はたくさんいます。

スタッフ「そうですよね。お悩みなんかないお肌だなぁと思っていました、キメは細かいし、透明感もありますよね。あえて言うと、ココが気になるところかなぁ、なんていうところはありますか」

お客様「そうですね、あえて言えば、目尻のシワかなぁ」

などとお答えくださいます。

お客様との親密度を高める名前の呼び方

報酬行為

お客様は、サロンで自分の名前を覚えてもらえるとうれしいものです。「特別感」を感じることもあるでしょう。あなたもこれを経験されていると思います。

たとえば、行きつけの美容室で、「○○さん」と名前で呼ばれると常連さんの気分になってうれしくなるものです。このように**相手の名前を呼ぶことは、「あなたの存在を認めている」「あなたの価値を認めている」という報酬行為**になるのです。

そもそも名前を呼ぶという行為は心理学的には「社会的報酬」を与えたということになります。この社会的報酬とは「承認」されたり、「評価」されたりしたときに感じる喜びのことのことをいいます。名前を呼ぶことは、コミュニケーションにおいて重要なポイントになります。

名前を呼ぶ行為は返報性の原理（１４７ページ）も働きます。名前を呼ぶことでお客様は「このスタッフは私に好意を持ってくれている」と脳が錯覚を起こし、「相手が好意を持ってくれているのなら、私も心を開いて接しよう」という好意を返すようになります。

サロンにはじめて来店されるお客様は、スタッフのこともサロンのこともよくわかっていません。お客様はスタッフやサロンに期待と不安の相反する二つの要素を持っています。そのときお客様との距離を縮めるよい方法が、お客様を名前で呼ぶという行為です。**お客様を名前で呼ぶことによって親近感が生まれ、親密度も高まります。**

しかし、名前の呼び方によっては、お客様は怪しさを感じたり、いやな思いをしたりもします。まず、いうまでもないことですが、お客様の名前は絶対に間違えてはいけません。お客様は間違われたとたん、気分を害しますし、間違えた人に好感を持てなくなります。名前の漢字の読みが珍しい方もいますので、カウンセリングシートのお名前のふりがなは必ず確認しましょう。

名前を呼ぶことで親近感が出ますが、度を過ぎた場合は「何かたくらんでいるな」などと思われ、逆に怪しまれますので、気をつけなければなりません。

何度も繰り返し名前を呼びすぎると、わざとらしい感じが出ます。お客様の名前を呼ぶときは、ほどほどにするように心がけましょう。

魔法の会話ポイント

「○○様、お疲れのようですね」「○○様は普段いかがですか？」といった、お客様の名前を繰り返し呼ぶ「ネームコーリング」というテクニックも有効です。

× 名前を呼びすぎるNG例

「○○様、こちらはどうですか？　○○様には似合うと思いますが、○○様はどう思われますか？　お考えがあればお聞かせください。○○様」

「みんな使っている」という言葉の効果

同調傾向

あなたのまわりにスマホを持っている方はどのくらいいますか？　日本の携帯電話市場の約８割がスマホを利用しています。２００８年にソフトバンクがｉＰｈｏｎｅを発売しましたが、当時はスマホを持っている人は、ごく少数でした。

しかし、年々スマホ人口が増えていき、まわりの人たちが持ち始めると、みんな変えているから私もスマホに変えようかな、と、特にスマホに興味のなかった人たちまでスマホに変えるようになりました。なぜスマホに変えたの？と質問すると、明確な答えはなく、何となく、まわりがみんな持っているからとなります。

これは人間が持つ**「同調傾向」**によって、多くの人は**「仲間外れになりたくない」**

という気持ちを持っていることから起こる現象です。

魔法の会話ポイント一

サロンでお客様に商品販売をするときに活用できます。
商品を販売するときの例

A「こちらの商品、おすすめなのでぜひ使ってください」
B「こちらの商品、人気ですよ。みなさんこちらの商品を選びますよ、ぜひお使いください」

AとB、どちらの言葉が、商品を販売するときに、訴求効果があるでしょうか？
もちろん圧倒的に後者のBになります。

人は大多数の意見に影響されます。なぜなら、少数意見になってしまうと、私だけ変な人なのかなと、無意識に思ってしまうからです。
なので、商品をご提案するときには、大多数の意見を利用することが大切なのです。

魔法の会話ポイント2

「当サロンの9割の方は、こちらの商品を使われていますよ」

「みなさん、サロンには週1回通われますよ」

「ほとんどのお客様は、主婦の方ですよ」

「みなさん、ご主人に内緒でサロンに通われていますよ」

「私にぴったり」と思ってしまう会話

リピート誘導話法

人は、繰り返し情報を伝えられると、そうなんだという心理が出てきます。

たとえば、特に好きではないけど、仲がいい20年来の異性の幼なじみがいたとします。特に恋愛感情を持たない相手だとします。

あるとき、その幼なじみから、「好きだよ」と言われたら、あなたはおそらく、「またまた、何を冗談言ってるの」といい、軽くあしらうはずです。さらに、次のときに「好き」と伝えられても、「またそんなこと言ってるの」という感じであしらうでしょう。しかし、3度目もまた「好き」と伝えられると、不思議なことに、「もしかしたら本当に私のこと好きなのかも」と思い始めるようになります。

これは、**リピート誘導話法**などと呼ばれ、**繰り返すことで、本当のことと思うようになってしまうことです。**うその情報も、何回も繰り返されて自分の中に取り入れられると、真実の情報がゆがめられてしまうのです。

これは、お客様との会話にも応用できます。たとえば、お客様をほめるとき、なかなか本気にしないお客様にも活用できます。

魔法の会話ポイント－

スタッフ「そのお洋服素敵ですね」

お客様「そんなことありませんよー」

スタッフ「本当に素敵ですよ。色も季節感があってすごくさわやかです」

お客様「いえいえ、そんな、そんな」

スタッフ「えー本当に素敵です。サロンにいらっしゃるお客様はたくさんいますけど、○○様みたいに、季節感を出せる人は少ないですよ」

お客様「そうかしら。ありがとう」

というように、お客様に否定されても3回繰り返し、素敵ですと伝えると、お客様も、社交辞令で言っているのではなく、本当にそう思ってくれているのかなと思ってくださるようになります。

魔法の会話ポイント2

フェイシャルサロンで化粧品などを販売する際、

スタッフ「これはお客様のお悩みにぴったりの商品です」

と伝え、次に、一度、手につけて試してもらいます。

スタッフ「すごく、透明感が出ましたね、やっぱりぴったりですね」

そして、実際に、フェイシャルメニューをやっているときに、顔に使ってもらい、

スタッフ「ほら、見てください、お顔にも透明感が出ましたね。そしてお肌も、もちもちになっていますす」

というように、繰り返し、あなたにこの化粧品はぴったり合うというようなことを3回以上繰り返すと、お客様も、「本当に合ってそう」と思い込むようになります。

「もし～」はつい答えてしまう魔法の言葉

ワクワク感を引き出す

人は、確実ではないことを言うのは、あまり好きではありません。

たとえば、新規のカウンセリングのときに、「エステは月に何回通うことができますか?」といきなり聞くと、「わかりません」と答える人が多くなります。なぜなら、まだ通うかどうかもわからないのに、いつ来られるのかなど、答えるのは重いと感じてしまうからです。

しかし、これが、**仮の話であれば、答えてくれることが多くなります。**

「もし、エステに通うとしたら、月にどれくらい通えそうですか?」と聞くと、「そう

もし、半年後に
理想の体重に
なったら…

ですね。月に2回くらいですかね」などと答えてくれるようになります。これは先ほどよりも質問が軽く聞こえ、答えやすくなったからなのです。

カウンセリングでは、この仮の話をしていただくために、「もし〜」を活用して、話を広げていきます。

カウンセリングの重要なポイントとしてあげられるのは、**お客様のワクワク感を引き出す**ことです。このワクワク感はお客様自身のお悩みが解決し、素敵な未来を想像できたときに起こります。

未来のワクワク感は、現状ではあくまでも仮の話です。お客様に、いかに素敵なワクワクする未来を想像してもらうかが、重要なポイントになるのです。

魔法の会話ポイント

スタッフ「もし、半年後、理想の体型になったら、旅行はどこに行きたいですか?」

お客様「ハワイですね」

スタッフ「えー、ハワイですか、素敵ですね。ちなみにハワイは誰と行きますか?」

お客様「大学時代の友だちです」

スタッフ「いいですね。そのお友だちは、○○様が理想の体になったことを何と言ってくれそうですか？」

お客様「すごく痩せて、スタイルが良くなったねって言ってくれそうです」

というように、お客様自身も話していてワクワクしてきます。

信頼関係が良くなるYESの引き出し方

NOを言わせない

新規のお客様には、一度嫌われたら、もう二度とサロンに来ていただけません。

特に気をつけたいのは、お客様が来店されてからクロージングを行うまでの間に、**お客様にNOと言われないようにしなければならない**ということです。

なぜなら人には**一貫性の原理**が働くからです。会話の中で、YESの言葉を言い続けると、NOと言いにくくなり、一度NOと言ったら、NOと言いやすくなってしまいます。カウンセリングに入る前に意識したほうがよいのは、YESという肯定的な答えを続けてもらうことです。

「今日は暑いですね」「雨が降っていますね」など、必ず「そうですね」と答えられる質問をするといいでしょう。

魔法の会話ポイント

もし、出張などのサービスをされている場合であれば、

「落ち着いた街並みですね」

「駅前は結構人が多いんですね」

など、近隣の、目に見た情報を伝えます。


お客様のご自宅や、会社のオフィスに伺ったときなどは、

「○○の絵ですね」

「素敵なオフィスですね」

とお声がけをすると、

「そうなんです。ありがとうございます」

というような肯定的な答えが返ってきます。

カウンセリング中も注意しなければなりません。極力お客様には、NOという否定的な言葉を言わせないようにすることです。

よくある失敗は、たとえば、カウンセリングシートの質問事項で、普段の水分摂取という欄にお客様が「1リットル」とだけ、書いたとします。

このとき、エステティシャンが、「これは、お水ですか?」と言うのは、間違った聞き方です。なぜなら、お客様が「いいえ、お茶です」と返事をすることがあるからです。これも、「いいえ」という否定的な言葉をお客様が使ってしまっているので、このような質問には気をつけなければなりません。

ちなみにこの場合、

「普段の水分摂取は、何でとられていますでしょうか?」

と聞くと、お客様は「お茶です」と、飲み物の名前を答え、「いいえ」という言葉は出てこなくなります。

相手の本音を聞き出す自己開示とは

「聞くストレス」を減らす

カウンセリングの基本は、エステティシャンよりも、お客様にたくさん話していただくことです。なぜなら、人は、自分の話をしているときのほうが、誰かの話を聞いているときよりも、心地よいからです。**脳は、自分の話をしているときは、快楽の状態になり、人の話を聞いているときは、不快を感じ、ストレス状態になる**のです。

相手の話を聞いているとき、脳は、自分の知識や経験を元に、相手の説明や言葉を自分に理解しやすいように情報処理をしなければならないからです。特に、説明がわかりにくかったり、よくわからない難しい話が出てきたりすると、なおさら、脳はストレス状態になるのです。

カウンセリングをしているときは、お客様にたくさん話してもらい、快楽状態になっていただきましょう。その一方で、わかりやすい説明をして、脳のストレスを極力少なくすることが理想です。

お客様にたくさん話してもらい、快楽状態にしていくときには、**お客様の興味のあること、趣味や特技などを質問します。**そして、その答えに興味を持ち、さらに深堀りをすると、お客様はたくさん話をしてくださるようになります。

しかし、新規のお客様は警戒心を持っているので、すぐに本音を話すことはありません。たとえば、

「○○様、お休みは何をされているんですか?」といきなり質問すると、

「まぁ、いろいろですね」などと、本音が出ず、はぐらかされるケースもあります。

そんなときに使うテクニックが自己開示です。

これは、相手が話しているのに、自分だけ話さないのはよくないな、という心理に

基づくものです。カウンセリングでは、自己開示をところどころに入れながら、お客様の悩みを聞いていくと、すんなりと本音で答えてくれるようになります。

魔法の会話ポイント

「私は、お休みのときは、よく映画に行くんですが、○○様はお休みのときはどんな過ごし方をされているんですか？」

と自己開示してから質問をします。すると、

「そうですね、私はショッピングに行くことが多いです」と、しっかりと答えを出してくださる方が多くなります。

お客様が前向きになる質問

サロンの魅力を再インプット

新規のお客様とのカウンセリングで、必ず聞かなければならないことは、**どのようなところがよくて、当サロンにご来店いただいたのか？　どんなところに魅力を感じてご来店いただいたのか？**　という質問です。

このときお客様は、改めて、自分はなぜこのサロンを選んだのか、どこが良くてこのサロンを選んだのかを振り返ります。振り返ることによって、自分自身にサロンの魅力をもう一度言い聞かせることになるのです。

魔法の会話ポイント

スタッフ「どのようなところに魅力を感じて、ご予約いただいたのでしょうか？」

お客様「みんな、結果が出ている感じの口コミが多かったので」
スタッフ「ありがとうございます、そうなんです、当サロンは結果重視を意識しており、おかげ様でみなさん、結果が出ています。◯◯さまも結果を出されたいということですね」
お客様「はい、そうですね」

NOを言わせない質問を続けると、肯定的な流れができてきます。まずは、サロンのお客様はみんな結果が出ていることをしっかりとアピールし、さらにお客様自身が結果を出すことに、「はい」と言ってもらう質問をすることが重要です。

体験後も、「どんなところが良かったですか」と質問すると、お客様は質問に答えようと、体験エステでやってもらったところで**何が良かったかを脳で探します。**そうすると、「◯◯が良かった」と言います。

体験後は、なるべく、お客様には気に入ったところを話していただきます。そうすると、脳に気に入ったとインプットさせることができるようになるので、気に入った点を積極的に聞くようにしましょう。

逆に、よくなかった点はありますか？と聞くと、体験中のことを振り返り、よくなかったところを探します。すると「△△がよくなかったです」となります。よくなかったところを聞いてしまうと、ネガティブな意見が出るようになり、ご提案を断られる確率が高くなってしまいます。

魔法の会話ポイント

新規の体験が終わったとき、
「どんなところが良かったですか？」。

サロンアンケートのとき、
「スタッフの良かった点はどこですか？」。

どのようなところに魅力を感じてご予約いただきましたか？
セラピスト
口コミが多かったので…
クライアント

○○な人の言葉を利用すると人は信用する

お客様を説得、納得させる魔法

テレビ番組を見ていると、いろいろな物事に対してコメントを述べる人が出演しているのを見たことがあると思います。コメントしているのは、お医者さん、弁護士、大学教授、日本一位、○○協会理事など、専門性の高い方がほとんどです。

これは、テレビ番組の信用性や視聴者に対する**説得力を高める**ために起用しています。つまり、専門家や特定の分野の権威ある人の言うことは聞いてくれやすいということなのです。この心理を利用すると、お客様に対する説得力を高めることができます。

店販用のサプリメントの場合、エステティシャンやセラピストが「自分の言葉」で話すより、お医者さんや管理栄養士など、**その分野の専門知識が豊富な人の言葉を引**

用して話したほうが、より説得力があるということです。

魔法の会話ポイント

× セラピスト自身の言葉で

「こちらのサプリメントは、食物繊維が豊富で、乳酸菌もたくさん入っているので、便秘の方に効果的です。だからぜひ使っていただきたいんです」

○ 専門家の言葉を引用

「こちらのサプリメントなんですが、食物繊維と、乳酸菌がたくさん入っているんです。この食物繊維と乳酸菌は、非常に便秘に効果的だと、○○病院のドクターが言っていました。だから、ぜひ使っていただきたいんです」

このように、自分自身の言葉で商品のご提案をするのではなく、自分よりも権威のある人の言葉を借りて話をすると、説得力が増します。権威ある人や、公共機関、メディアなどをうまく活用するとよいでしょう。

魔法の会話ポイント2

「お肌の老化の原因は、紫外線と乾燥が大きいと、皮膚科の先生が言っていました」

「BMIが25を超えたら生活習慣病の罹患率《りかんりつ》が増えると、厚生労働省が発表しています」

「ダイエットには、腸内環境を良くすることが大切だと、NHKの番組で放送していました」

お客様の「欲しい」を引き出す具体性・具体例のつくり方

説得力を増す魔法

もし、あなたが乾燥肌でお肌にハリがなくなってきて、それを改善できるような商品を買おうと思っているとき、化粧品販売店でどんな言葉を言われたら、その商品がより欲しくなるでしょうか。次の二つの文章を読んでみてください。

A「この化粧品、すごくいいんですよ。ぜひ使ってみてください」

B「こちらの商品なんですが、○○様と同じ40歳の方が乾燥肌で悩んでいたので、3か月前から使っていただいています。うれしいことに、1か月目でお肌の乾燥が気にならなくなったそうです。そして、先日ご来店いただいたんですが、3か月目の今ではすっかり乾燥が改善され、お肌にハリと弾力が出たということで喜ばれていました。しかもこちらの商品、実は40代のお客様のリピート率が96．8パーセントと非常に満足度の高い商品なんです」

あなたは、AとBのトークのどちらに商品の信用性と魅力を感じ、そして買ってみようと思われたでしょうか？　もちろんBのはずです。

お客様への商品の提案は、具体的であればあるほど、信用度が上がります。特に、商品を買おうと思っている方の年齢、悩みや職種など、似ていれば似ているほど、自分もその商品で悩みが解決するかもしれないと思うのです。

さらに、サロンでは、メニューや商品を使用した**ビフォーアフターの写真を見せる**ことが、説得力を上げる大切な要素になります。

言葉で説明するだけではなく、写真を見せることで将来のイメージが湧き、購入に至ります。また、自分自身の感想なども入れると、より説得力が増します。

具体例を出す魔法の会話ポイント

・**数字を使う**

「今月ご来店いただいたお客様の、20人中18人がこのメニューです」
「満足度が96パーセントです」
「リピート率は9割以上です」

・**同じようなお客様の例を出す**

性別、年齢、悩み、環境（職種、睡眠不足、外に出ることが多い、野菜嫌い）

・**自分自身の体験談を話す**

使用感、使用期間、肌の変化、体重の増減、その他の変化

第4章

接客編

「あなたから買いたい」と
お客様に思わせる

お客様の心が一気に開く瞬間

類似性の法則で盛り上がる

接客の第一歩は、お客様の心を開かせることです。新規のお客様は、セラピストがどんな人かわからない状態では、簡単には心を開きません。

最も相手が安心し、心を開くのは、自分と共通の話題があったときです。経験がある人も多いと思いますが、誕生日が一緒だったり、出身地（田舎）が一緒だったり、中学校が一緒だったり、昔やっていたスポーツが一緒だったりすると、なぜかその人と打ち解けてしまいます。

地方出身の人が東京で同じ地方出身の人に会ったら、すぐに打ち解けてしまいます。同じ○○県出身というだけで、話が盛り上がります。地方出身の人は地方の話題から入るのも一つの方法です。

しかし、「お客様と共通点なんか見つかることのほうが少ないよ」と思った方も多いのではないでしょうか。確かに、お客様とこのような共通点を見つけることは難しいかもしれません。でもそんなときは、**お客様との共通点を、自らつくってしまえばよい**のです。

たとえば、あなたが宮城県の出身だとして、秋田県出身のお客様が来店されたら、出身県は違いますが、「同じ東北出身ですね」と、少し枠を広げて共通点にしていくことができます。ほかにも、4月生まれでお客様が5月生まれだとしたら、「同じ春生まれですね」などと、季節で共通点をつくることができます。

少し枠を広げても共通点が見つからない場合もあります。そんなときは、たとえば、北海道出身のお客様が来たときに、自分と近い人の例を出します。母が北海道出身です。スタッフが北海道出身です……など。それでも、見つからない場合は、北海道に行ったことがあります、と答えたり、行ったことがなければ、一度行ってみたいと思っているんです、と答えたりすることもできます。

このように、共通点は、いくらでもつくり出すことができます。普段の会話の中で常に共通点を見つける練習をしておくと、新規のお客様がいらしたときに、すんなり共通点をつくることができるようになります。

魔法の接客ポイント

次のような共通点を見つけるためのキーワードを探しましょう。

・出身地、同じ学校、昔やっていたスポーツ、趣味など。

新規客の警戒心を解くには右側に

接客の位置

新規のお客様はサロンやエステティシャンに対して警戒心を持ち、不安を抱えていることが多くあります。そんなお客様の心を開かせていくには、お客様の警戒心を取り除くことを第一に考えます。

人間の心理は、体と密接につながっていると考えられています。人間は無意識に心臓を守ろうとします。知らない相手が左に入ると、圧迫感を感じてしまうのです。つまり、警戒心を取り除く一つの方法は、**お客様の右側から話しかける**ことです。

状況によって座る位置をどこにするかなど考えると、コミュニケーションや交渉もよりスムーズに進むでしょう。

サロンでお客様が過ごすシチュエーションごとに座る位置を変えてみましょう。お客様の緊張や警戒心も和らぎます。

①カウンセリング（新規客　図①）
……お客様の斜め90度の位置に座る

最初のコミュニケーションをとるときに最適です。この位置が、意識せず、最も気軽に話ができる座り方といわれています。お客様との距離も近すぎず、遠すぎず、お客様と話もしやすくなります。ソファーやテーブルの位置を、最初からこのような配置にするとカウンセリングもスムーズに進み、違和感なく自然と話ができるでしょう。

図①

図②

②カウンセリング（新規客　図②）
……お客様のやや斜めに座る
この位置も、カウンセリングに適しています。お客様も自然に話ができるようになり、コミュニケーションがとりやすくなります。しかし斜めすぎると不自然になり、お客様が違和感を覚えてしまう場合がありますので、適度な距離感で座ることを意識するようにしましょう。

③商品の説明（新規客　図③）
……お客様と横に並んで座る
この位置は、お客様との距離が一番近くなります。相手の目は見づらくなります

図③

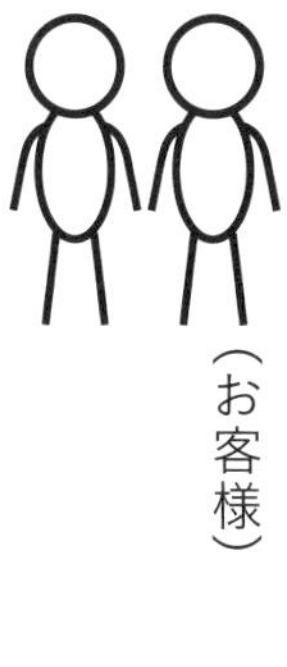

図④

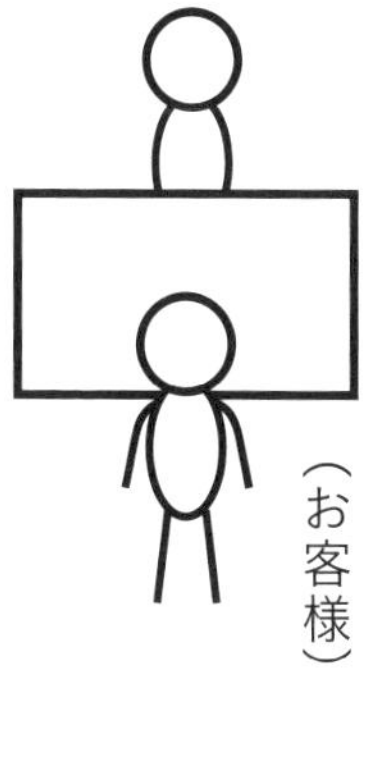

が、直接目を凝視しませんので、お客様は距離が近くても違和感を覚えないでしょう。

これは座っているときだけではなく、立っているときにも、お客様の真横にポジションを取り、商品の説明をするとよいでしょう。

④契約（クロージング　図④）……お客様の正面に座る

この位置は、基本的に交渉ごとを進めるときの座り方です。最終的なクロージングの際の、金額の話などを行うときは正面に座ってもよいでしょう。

魔法の接客ポイント

接する位置関係で、お客様の心理的負担をコントロールすることができます。状況に応じて、あらかじめ椅子を配置しておくとよいでしょう。

お客様と呼吸を合わせると距離が縮まる

呼吸のページング

人はなぜか、自分と同じような人を好みます。同じような価値観、好きなものが一緒、こんな人とは何となく仲良くなります。お客様との距離を縮めるために、共通点を見つけるということを114ページでもお伝えしました。

さらに、お客様との距離を縮める方法として、話すスピードをお客様に合わせたり、ジェスチャーなども合わせたりすることがあります。心理学の世界ではページングと呼ばれるスキルです。しかし、話し方のスピード、ジェスチャーなどを合わせようと思ってしまうと、よっぽどのプロではない限り、会話に集中できなくなり、逆にお客様から不信感を抱かれてしまいます。

そこで、一つだけ意識して合わせていきたいのが、呼吸です。相手の呼吸のペースを見たり、胸元を見たりすることで、どのようなタイミングで呼吸をしているかがわかります。お客様が息を吐いたときに、自分も息を吐いてみて、少しずつ呼吸を合わせるように意識してみましょう。

このように、**呼吸のペースを合わせていくと、息が合う状態になってきて、自然に体もお客様と同調してきます。**すると、お客様は何となく共感を抱くようになり、心を開いてくれるようになります。

お客様のサロンに対するちょっとした警戒心や不安を取り払う、一つの方法として実践してみてください。

魔法の接客ポイント

呼吸を合わせることを気にしすぎて、お客様を見つめすぎないように注意。

お客様に伝わるオーバーリアクションのつくり方

表情で人柄を示す

あなたは普段、自分がどんな顔で人と話しているか、見たことはあるでしょうか？　おそらくないはずです。

表情は、人にいい印象を与える第一歩です。人は最初の表情でこの人は「優しそう」とか「怖そう」とか決めています。あなたも人から見られたとき、何かしらの印象を持たれています。人のことは判断しても、自分がどう見られているかを考えている人は少ないのではないでしょうか。表情は、接客時に非常に重要なポイントになります。

話しているときに顔の表情を変えながら話すと、話の内容に説得力が出ます。相手もまた、しっかり聞いてくれているんだな、と、あなたにいい印象を持ってくれます。

無表情で淡々と話をされても、その人の人柄は伝わってきません。むしろ、悪い印象を与えてしまうでしょう。顔の表情は、話し手の人柄を伝え、さらに話の内容に説得力を持たせます。

魔法の接客ポイントー

・楽しそうな話は、目を見開いて楽しそうに話す
・怖い話は、眉間にシワを寄せ、姿勢はかがむように話す
・悲しい話は、下を向いて、ため息などをついて話す

その状況、話の内容によってすべて表情を変えることで、お客様は話に引き込まれ、話に興味をもってもらったり、説得されたりするようになるでしょう。

また、会話中の身振り、手振りを効果的に使うことができれば、話を的確に伝える補助をしてくれます。話はお客様の耳にしか入りませんが、身振り、手振りは視覚でとらえられます。

1日3回
皆さん
使っていますよ

要は、話を理解しやすくなり、話の内容が印象に残りやすくなるということです。

これは、**耳だけの情報ではなく、目からの情報がすごく重要**だということです。

魔法の接客ポイント2

たとえば1日3回使ってください、などというときは、指を使って1日のときは人差し指1本を出し、3回のときは指を3本出します。

「この化粧品はお肌への吸収率が高いのです」などというときは、手を下から上へ上げます。また「みなさん使われていますよ」、などという場合には、両手を広げて話をしてみましょう。

ところどころで有効的に身振り手振りを使うと、話の内容に説得力が出てきます。話に説得力が増せば、その商品を買ってもらう可能性が高くなるということです。

「今日は体験だけでカウンセリングはいらない」と言われたら

警戒心を取り除く

新規のお客様でときどきあるのが、「今日は体験だけしにきましたので、カウンセリングは特にいりません」という方です。

こんな言葉をいきなりお客様から伝えられてしまったら、エステティシャンは、「え、今日は体験だけかぁ」と思い、意気込んでいた気持ちも静まります。そうなると、カウンセリングにも気が入らず、お客様の話も熱心に聞かず、エステ体験だけをやっていただき、そのままお帰りいただくことになります。

実は、**このように言うお客様の中には、いい人も多いのです。**いろいろ説明されて、「最後に断るのは悪いなぁ」と、罪悪感を感じてしまうタイプの人もいるからです。

では、お客様にこのように言われたら、どう答えればいいでしょうか。

魔法の接客ポイント！

お客様「今日は体験だけをしに来たので、カウンセリングとかは特にいりません」

スタッフ「もちろん、今日は体験だけで結構ですよ。ただ、本日はわざわざお時間を使って来られていますので、1回でもしっかりと結果を出していきたいと思っています。それから、本日、エステ体験が終わったあと、お客様の体調や生活習慣に基づいた、ホームケアアドバイスもさせていただきますので、カウンセリングシートに沿って、お客様のお話をうかがわせてください」

お客様は、1回で結果を出してほしいし、自分がキレイになるための方法も知りたい。しかも、別に体験だけでいいよって言ってくれているし……、と思い、カウンセリングで、エステティシャンの質問に素直に答えてくれるようになります。

そうすると、このようなタイプのお客様は質問にしっかりと答えてくれ、説明も最後まで聞いてくれます。「体験だけよ」なんて言う人に限って、**説明にしっかりと納得し、エステ体験がよいと、契約に至ることも充分にあります。**

新規のお客様の中には、高額な商品を売り込まれたらいやだなと思っている方もいます。そんなときは、お客様の警戒心を取り除くために、次のような言葉を使い、エステ体験を安心して受けてもらうようにしてください。

魔法の接客ポイント2

商品をご提案するときに、

「買っていただかなくて結構ですよ」「せっかくの機会なので、最新の美容情報を仕入れてください」

などと前置きを入れると、話を聞いてくれるようになります。

お客様の使用商品をほめてから、足りないところを引き出す

物販で客単価アップ

サロンでは、サプリメントや化粧品などの物販商品を仕入れていると思います。サロンに来るお客様は、美や健康に興味のある方がほとんどです。

しかし、サロンでの物販比率を聞くと、3割以下というのがほとんどです。個人サロンになると、1割というところも多くあります。このように**販売が苦手な方の多くは、お客様に対する商品のご提案の仕方に問題がある**のです。

悪い例

たとえば、肌のお悩みでサロンに来ているお客様に、長年使っている化粧品からサロンで販売している化粧品に変えていただきたいと思い、提案しようとする場合。

スタッフ「お客様、お使いの化粧品に、何か不満な点はございますか？」
お 客 様「そうですね、特に不満な点はありませんね」
スタッフ「そうですか、特にないんですね」

このように普段気に入っている商品に対して、いきなり不満点を聞くと、「特にありません」となることがほとんどです。なぜならお客様は、今の化粧品を気に入っていると思っているからです。

では、次のように会話を進めたらどうでしょう。

魔法の接客ポイント

スタッフ「お客様、今お使いの化粧品を長年使われているようですが、どんな点が良くて使われているんですか」
お 客 様「そうですね、香りがすごく好きなんです」
スタッフ「そうなんですね、香りがお好きなんですね。毎日使われるものだから、香りって大切ですよね。私も、化粧品って香りが大切だと思います。ちなみにどんな香りなんですか」

お客様「フローラル系の香りです」
スタッフ「えー、フローラル系、いいですよね。香り以外のテクスチャーや保湿力とかはいかがですか」
お客様「そうですね、テクスチャーは悪くないのですが、保湿感がもう少しあれば、うれしいですね」
スタッフ「そうなんですね、もう少し保湿力があればうれしいんですね。保湿力って美肌にはすごく大切ですもんね。それでは、お客様、香りが良くて、保湿力が今よりももっとあって、今のお客様の肌のお悩みが改善していくような化粧品だったら、試してみたいと思われますか？」
お客様「そうですね、それだったら試してみたいですね」

となり、お客様の「試してみたい」を引き出すことができます。
お客様が気に入って使っている商品のいいところを聞き出し、会話を盛り上げる。その流れで、もう少しこうなったらいいなぁ、という部分を引き出すと、スムーズにご提案までいくことができます。

契約の取れるエステティシャンがしていること

お客様の背中を押す

10年前、20年前と違い、最近は「何となく」来店するお客様が増えました。特に自覚している悩みがあるわけではなく、クーポンがあって安くなるなら試してみようか、という軽い気持ちで来店するお客様です。

このようなお客様は、契約率が悪くなります。

たとえば、ホットペッパービューティから予約された新規のお客様の場合、体験クーポンの金額設定や表現の仕方にもよりますが、契約率が3割を切るエステティシャンがたくさんいます。しかし、そんな中でも、契約率が6割、7割のエステティシャンもいます。

では、何が違うのでしょうか。ポイントはたくさんありますが、大きく違うのは、**お客様の心に寄り添っているかどうか**です。

お客様の話を真剣に聞き、自分ごととしてとらえ、お客様の気持ちに共感し、お客様を認め、お客様が喜んでいるときは一緒に喜び、お客様が悩んでいたら一緒に悩み、お客様が悲しんでいたら一緒に悲しむ。

そして、そんなお客様に、あなたの気持ちを本気で伝える。

これは、美と健康を提供するエステティシャンやセラピストなら、当然行っていることです。しかし、実は、このあたりまえのことができていないエステティシャンもいます。

お客様は何となく悩んでいることが多く、エステは本当に自分に必要なことなのか、顕在意識ではよくわかっていません。だから、ご契約のときに「考えます」という言葉を言われるのです。

でも、本当は、キレイになりたい。今の悩みを解決したい。潜在意識ではそんなふうに思っています。

自分のことは、実のところよくわかっていないし、このサロンで、本当に大丈夫なのかな、という気持ちを持っています。そして、エステをしてみたいけど、「何となく勇気がなくて」、エステをするための一歩を踏み出せないことが多いのです。

エステティシャンの役割は、お客様がキレイになるために、エステを始める一歩を踏み出す、背中を押してあげることなんです。

魔法の接客ポイント

お客様の心に寄り添っているエステティシャンは、自然に背中を押すことができています。そして、お客様を本気で想っているエステティシャンは、必ずといっていいほど、以下の言葉をお客様に伝えています。

「一緒に頑張りましょう」
「最後まで責任をもってお手伝いします」
「私に任せてください」

お客様の気持ちを探る仮申し込みとは

仮クロージング

あなたがパーティーなどに参加して、たまたま素敵な方が隣に座り、ひとめぼれしたとします。この人とつき合いたいと思ったとき、どのようにして、またはどのようなステップを踏んでつき合ってもらいますか？

いきなり、つき合ってくださいと言っても、相手は、初めて会うあなたのことを知りません。何も話してもないのに、いきなりそんなことを言う人を警戒するでしょう。結果、「すいません。ごめんなさい」などと言われ、断られるはずです。逆にあなたが、見ず知らずの人にいきなり、つき合ってくださいと言われても、お断りするはずです。

これはサロンの販売と同じです。**商品に興味のないお客様に対して、買ってくださいと言っても、断られてしまいます。**

恋愛も、まずは、好きな相手に自分を知ってもらい、相手を知ることからスタートするはずです。たとえば、電話番号やメールアドレス、ラインを交換して、お互いの趣味などを知っていくでしょう。そして、「○○さんって、彼女とか欲しいと思いますか？」とか、「彼女いるんですか？」などと質問することもありますよね。彼の答えようによっては、彼女に立候補するチャンスができます。

恋愛でいうと、これが、**仮クロージング**です。相手に彼女がいるかいないかわからない状態で、告白はしないはずです。できれば彼女が欲しいとわかってから告白したほうが、おつき合いできる可能性は上がります。

たとえを化粧品販売に変えてみましょう。

ステップ1

恋愛……相手のことを知る、自分のことを知ってもらう。

化粧品販売……相手のスキンケア情報やお肌のことや悩みを知る。そして、お客様に、自分はお肌のプロということを知ってもらう。

ステップ2

恋愛……彼女とか欲しいと思いますか？　彼女いるんですか？

化粧品販売……化粧品を取り替えようと思ったりしますか？　美容液ってお持ちですか？

恋愛も、商品販売も、このようなステップが必要です。そのとき、相手が商品に興味があるのか、いい商品があったら取り替えたいと思うのか、そもそも美容液は持っているのかなど、**質問して購入の意思を知ることが大切です。**

商品が売れるイメージのさせ方

商品購入のポイント

いきなりですが、次の文章を読んで、目を閉じてイメージしてみてください。

「目の前で雪が降っています」

目を閉じたら、あなたの前には、雪が降っている光景が浮かんできたと思います。

これが、イメージです。人は誰でもイメージすることができます。

商品が売れるか売れないかのポイントは、お客様のイメージです。商品を購入しないときは、お客様がその商品を使って、キレイになったところをイメージできていないからです。また、エステメニューの回数チケットを買ってくださらないのも、サロンに通って自分がキレイになれるイメージができていないからです。

ということは、お客様に、商品を使ってキレイになれるとイメージしてもらえれば商品購入の確率は上がっていくということです。

魔法の接客ポイント

お客様にイメージしていただきたいときは、

「イメージしていただきたいんですけど」

「少し想像してほしいんですが」

という言葉を使ってイメージしてもらってください。お客様は素直にイメージしてくださいます。そして、

「イメージしてみていかがですか？」

と聞くと、「いいですね」「うれしいです」というような、ポジティブな言葉を言ってくださいます。

お客様が喜ぶ特別感のつくり方

特別扱いでリピート率UP

あなたのことを、好きかもしれない男性がいるとします。彼はあなたにも優しいけれど、ほかのどの女性にも優しい場合、あなたは、自分のことを好きなのかな?と疑問に思うはずです。逆に、あなただけには優しいとなれば、あなたは、自分のことを好きに違いないと思うようになります。

なぜなら、自分にだけ特別扱いしてくれるからです。そうすると、あなたもいつの間にかその男性を意識するようになります。

では、あなたがよく行く飲食店で、このような言葉を使われたり、特別扱いをされたらどうでしょう。

「お客様だけ特別ですよ」
「これは、お客様以外、誰にもお伝えしていないことなんですけどね」
「お客様に一番に食べてほしかったんです」
「これ、特別にデザートのサービスです」

おそらく、「自分にだけ伝えてくれたんだ」「自分だけ特別なのかな」と思い、うれしくなってしまうでしょう。こんな特別扱いをされたら、リピートしますよね。

サロンのお客様も同じように、特別扱いをされたら必ずうれしくなって、このサロンに通い続けようと思います。**お客様が喜んでくださるような、特別感を演出する**ようにしましょう。

魔法の接客ポイント

・DMを出すときに、「特別なお客様にご案内です」と書く。
・「特別なお客様限定のキャンペーン」をつくる。

・お帰りの際、お菓子やドリンクを特別なものにする。

そのほか、ポイントカードに特別にハンコを多めに押す、など、特別感を演出する機会はたくさんあります。

第5章

心理編

7つの基本テクニック

あることをするとお客様から愛される

好意の返報性

多くの方は、友だちや会社の同僚などから、旅行に行ってきたとお土産をもらったことがあると思います。そして、今度はあなたが旅行に行ったら、今までお土産をくれた人に、お返しとして何か買ってあげようと、実際に買って渡したことがあると思います。

また、友人にお昼ご飯をごちそうになったら、今度は私がごちそうするねと言って、お昼ご飯をごちそうしたことがあるのではないでしょうか。

男性の例でいえば、バレンタインデーに義理チョコをもらったら、ホワイトデーにそのお返しする人が多いと思います。

これらのお返しをするという行動が、**「返報性の原理」**と呼ばれるものです。もし誰かに何かいいことをしてもらったら、その相手に何か返さなければと無意識に考えてしまう、人間の本能に備わっている心理です。

あなたのまわりで、誰からも好かれるような人が、1人くらいはいるのではないでしょうか？　その人のことを想像してほしいのですが、その人は、特別な魅力があるわけでもなく、すごく仕事ができるわけでもない、ということがあります。しかし、なぜか人から好かれるのです。

その理由は、その人が、人を好きになるからです。たとえば、あなたが、誰かに好意を抱けば、その好意はあなたに返ってきます。その人もみんなのことを好きだから、逆にみんなからも好かれるのです。

これが**「好意の返報性」**と呼ばれるものです。

サロンではお客様に好かれるかどうかで、リピートや契約率が大きく変わります。

なので、**まずはあなたがお客様に好意を示す**ことが重要です。

私を好きになってという姿勢ではなく、自分からお客様に対して好意を示すことが大切になるのです。

魔法の心理テクニック

「○○様のお洋服素敵ですね。そういうタイプのお洋服すごく好きです」

というように、お客様が着ているもの、持っているものに対して「好き」という言葉を使ってみましょう。お客様は、あなたから好意を感じるようになります。

人は「限定」「残り●●!」に弱い

限定・希少価値の効果

洋服を買いに行ったとき、気に入った洋服があり、買おうかどうしようか悩んでいるときに、店員さんに、「これ、残り1着です」と言われ、ついつい購入を決めたことのある人は多いのではないでしょうか。

また、スーパーで、「とれたての蜜がたっぷりのリンゴ、残り3個ですよ、お急ぎください」と言われたら、りんごが好きな人ならすぐに買いたくなるはずです。

このように、営業やセールストークに「残り○個」「今だけ」というようなアピールをすると、お客様の買ってみよう、買ってみたいという気持ちの背中を押すことができます。お客様も、今買わなければ、損をする、もったいないという気持ちが生まれ、その場で決断を下すようになります。これは心理学的には**「限定、希少価値効果」**と呼ばれるものになります。

日常生活を見回すと、この限定性や希少性を活用した場面をよく見ます。**限定されたり、希少性をアピールされたりすると、人は買わないと損をしてしまうように感じてしまう**のです。これは購入する機会を制限することで、消費者の購買意欲をかき立てるというものです。

魔法の心理テクニック

サロンでも、このような効果を期待して商品やサービスをアピールすることができるようになります。たとえば、以下のような表現はおすすめです。

■期間限定商品
■1日10個限定
■○月×日までのキャンペーン
■3日間限定セール

■50名限定
■本日のご契約のお客様限定で○○がついてくる
■木曜日はポイント5倍
■残りわずか

社会的証明

「お客様の声」で人気店へ

インターネットが普及して、何か物を買うときに、ネットショップで買い物をする人が増えました。また、どこか食事に行くときも、ネット上のポータルサイトを見てお店を探す人が多いと思います。

そのときに、必ずといっていいほど参考にするのが、口コミ、レビューです。口コミが良ければ、いいお店、いい商品と認識してしまいます。実際に行ったことや使ったことがない店やものの判断を、口コミを参考にして買ったり、行ったりすると思います。

人が何か物を買うときに、無意識に参考にしている基準の一つが、「社会的証明」です。

口コミ、レビューがそれにあたります。

つまり、**人が購入を決定する要素は、販売者や営業マンの説明やプレゼンではなく、第三者の声**であり、人はその声を信用する傾向にあります。

サロンのホームページや、ポータルサイトでは、あなたのサロンやメニューについて書いてある口コミを増やすことが、サロン運営において非常に重要になってきています。これらの口コミは、「やらせ」と感じられてはいけませんので、そのお客様の名前をできるだけ実名で紹介したり、顔写真をのせるようにしましょう。そうすることで信憑性《しんぴょう》が上がり、その口コミの影響は大きくなります。

それからもし、あなたが、テレビや雑誌に取り上げられたり、書籍を書いたり、講師をしたりしたというときは、これらのことを、ホームページやSNSのプロフィールに書いておくことが大切です。

お客様があなたのホームページを見て、これらの記事を見たとき、すごい人と思うようになるでしょう。すると、あなたのサロンを疑うこともなくなりますので、予約につながりやすくなります。

社会的証明はお客様に安心や信頼を与えることができ、さらには**あなたのサロンやメニューの、ブランディング**も可能になります。

魔法の心理テクニック

・ホームページやチラシなどに、口コミ、お客様の声をできるだけ多く紹介する。
・マスコミに取り上げられた画像や記事などを、ネットやチラシ、店頭などに大きく掲げる。
・書籍を書いたり、講師をしたりした実績をプロフィールに掲載する。

つい買ってしまう効果的な価格表示の方法

アンカリング効果

いきなりですが、問題です。

標高2000メートルの高地の岩場で、8月にしか咲かない希少な花のエキスをたっぷり配合した化粧品のクリームは、3万円よりも高いと思いますか？　それとも安いと思いますか？

それから、もう一つ質問です。

このクリームはいくらだと思いますか？

多くの方は、3万円前後の金額を考えたのではないでしょうか？

これは**アンカリング効果**といわれ、**最初に提示された数字や条件が基準となり、その後の判断が無意識に左右されてしまう**ことの心理をいいます。

私たちは普段、ものを買うときには、必ず何らかの評価基準を持っています。最初にだいたい、買いたい商品の基準を設定して、その後の判断の参考にします。

しかし、商品やサービスに対する知識が少ない場合、最初に着目した情報や価値を判断基準にする傾向があります。

百貨店に洋服を買いに行ったとき、定価5万円のコートがあったけれど、そのときはよく考え、今は必要ないと思い、買わなかったとします。しかし、その数日後に、アウトレットモールに買い物に行ったら、百貨店で見た5万円のコートがなんと2万9000円になっていました。そして、買わなくてもよいと判断したはずのコートを、つい買ってしまいました……。

こんな経験をした人は少なくないでしょう。これは、安くなっている価格とは別に、百貨店で見た値引き前の5万円という価格がアンカリング効果として影響し、大幅に安くなっていると判断して思わず買ってしまったという例です。

魔法の心理テクニック

アンカリング効果は以下のような方法でよく使用されます。

・通常価格との比較

「通常は2万円ですが、今はキャンペーン中なので、5000円引きの1万5000円です」

・他社の価格との比較

「ほかのサロンだと、同じような成分の入った製品は3万円ですが、当サロンでは2万円です」

お客様を購入に導く会話の流れ

一貫性の原理

人は、自分が言ったこと、行動したことに対し、**無意識に一貫してその言動を貫き通そうとする心理**を持っています。

たとえば、ある日、友人に、3か月でマイナス5キログラムのダイエットをする、と宣言したとします。すると、あなたは、次にその友だちに会うときまでには、痩せようと思い、ダイエットを頑張るでしょう。

しかし、これが、誰にも言わずダイエットを始めたとしたら、誘惑に負けてしまうケースが増えてしまいます。人に告げると、その言動を貫き通そうとする心理が働きますが、自分の中だけで決めたことでは、その心理は働きません。

同様に、会話の中で「はい」と言ったら、その「はい」と言ったことと矛盾しない行動を、無意識にとろうとすることが多くなります。

カウンセリングのやり取りで、この原理を活用することができます。

お客様の悩みを聞き、その悩みをふまえながら、「はい」という言葉を引き出しやすい質問をします。お客様は無意識に、自分の言動を貫こうとしますので、たとえばその悩みを解消したい、という言葉に一致した言動をすることになります。

その流れで、スタッフの商品の提案やメニューの提案が通りやすくなります。

魔法の心理テクニック

カウンセリングや販売をするときの会話

スタッフ「本日のお悩みは何でしょうか？」

お客様「シミです」

スタッフ「そうなんですね。○○様は、今シミでお悩みなんですね」

お客様「はい」

スタッフ「シミはいつ頃からお悩みだったんですか？」

お客様「3年前です」

スタッフ「そうですか、3年前から、お悩みだったんですね」

お客様「はい」

スタッフ「そのシミを、いつくらいまでに改善したいという気持ちはありますか？」

お客様「そうですね、3か月後の同窓会までには改善したいです」

スタッフ「そうなんですね、3か月後にある同窓会まではそのシミを改善したいということですね」

お客様「はい、そうですね」

お客様に信頼感を与える外見とは？

ハロー効果

たとえば、あなたは、白衣を着ている男性を見たら、その男性の職業を何だと判断しますか？　おそらく、お医者さんか医療関係者と判断してしまうのではないでしょうか。

ほかにも、
・眼鏡をかけてビシッとスーツを着ている女性を見たら、「できる女性」
・笑顔が素敵な人は、「優しそう」
・体格のいい人は「ご飯をいっぱい食べそう」
など、見た目で一瞬のうちに、人柄、職業、特徴などを判断してしまいます。

これは、**ある特徴的な見かけに影響されたまま、ほかの要素を判断してしまう心理効果で、「ハロー効果」といいます。**

サロンでも、お客様からあなたは何かしらの判断をされています。そこで、お客様にどんなふうに思ってほしいかによって、外見、話し方などを意識するとよいでしょう。

また、人は、肩書や資格で判断をしてしまうことがあるので、ホームページでプロフィールをしっかり書くことや、サロンの壁に、取得した資格のディプロマを飾っておくなど工夫ができます。

魔法の心理テクニック

・信頼感を与えたければ、制服は白衣を着る。
・安心感を与えたければ、常に笑顔。
・しっかりした印象を与えたければ、バッチをゴールドにする。
・化粧品を販売するのであれば、素肌で接客。

・痩身メニューをしているのであれば、自分自身が見本となるようなスタイルになる。
・癒やしを提供したければ、照明は間接照明にし、内装はウッド調にしてみる。
など、いろいろと活用できます。

「考えます」を言わせないクロージング

プロスペクト理論

少し考えてみてください。

「この仕事をしてくれたら10万円あげます」と言われるのと、「この仕事をしないと10万円なくなりますよ」と言われるのでは、どちらがドキッとしますか？

多くの人は、10万円を得ることよりも、10万円なくなってしまうことのほうに、損得をより大きく感じてしまいます。**「利益を得るよりも、損をしたくないという思いのほうが強くなる」という行動心理を、プロスペクト理論といいます。**

たとえば、サイコロを振って、どの目が出ても1万円をもらえる場合と、奇数の目が出たら3万円もらえ、偶数が出たら1万円払うとします。実はこのような場合では、圧倒的に前者を選ぶ人が多いのです。これは、大きな利益よりも、損失のほうを重大に感じ、損することをできるだけ避けたいと思ってしまうということを意味しています。

なぜ、損失を回避するほうが利益よりも上まわるのか。次のような説があります。

人が食料を得るために、狩猟を行っていた大昔、獲った獲物は長期保存ができませんでした。次はいつ食糧となる獲物を取れるかわからない状況では、食料を失うことは死を意味します。そのために、利益を得る可能性よりも、確実な損失を回避することのほうが大切に感じるように、脳にインプットされていると考えられています。

サロンでは、このようなプロスペクト理論は、新規のお客様が体験来店をされたときのクロージングに応用することができます。

サロンに来店された新規のお客様に、カウンセリングで悩みを聞くと、数か月後までには悩みを改善したいと言われます。しかし、クロージングの際に、そのお悩みが解決されるためのご提案をすると、「考えます」と言われることがあります。

これは、お客様が自分の悩みが消える未来の得よりも、今現金を失いたくないという思いが勝つことで起こります。したがって、得することよりも**今受けないとどんなに損をするかに、焦点をあててすすめる**とよいのです。

魔法の心理テクニック

「当サロンは全額返金保証制度を行っております」

これは失敗してもお金が返ってくるなら、買ってみようとかやってみようという気持ちにさせます。つまり、損はしないという気持ちになってもらうことで販売の促進ができます。

「今月に限り、当日のご契約で、30パーセントオフとなっています」

この日を逃したら、損をしてしまうという気持ちから、契約にもっていくという損失の心理を活用しています。

「今月のご契約だと、30パーセントオフなので、一万円お得なんですが、もし来月になってしまったら、1万円損してしまうことになってしまうんです」

「お得」という言葉と「損」してしまうという言葉を具体的に使うことで、お得と思う気持ちと、損はしたくないという二つの気持ちに働きかけられます。

第6章

心理・上級編

お客様の満足度を
最高に高めるテクニック

数字のトリックを使う

シャルパンティエ効果

あなたのサロンの商品をいかに魅力的に見せるかで、商品の売れ方が変わります。
たとえばテレビCMやテレビショッピングなどを見ていると、

「レモン100個分のビタミンC配合」
「アミノ酸1000ミリグラム配合」

というような表現を見ることがあると思います。
ちなみにレモン1個分のビタミンCは20ミリグラムです。それが100個だと2000ミリグラム配合になります。実はレモンのビタミンC含有量は、決して多くはありません。一般消費者の、「何となくレモンにはビタミンCがたくさん入っていそう」という心理をついた表現です。

たとえば、ビタミンCがたくさん含まれる果物は、ほかにもたくさんあります。アセロラのビタミンC量はレモンの約34倍ですし、カムカムという果物は、さらにビタミンCの含有量が多く、アセロラの約2倍もあります。しかし、アセロラ3個分のビタミンC配合といわれても、たくさんビタミンCが入っていそう、とは思いません。

アミノ酸1000ミリグラム配合というのは、アミノ酸が1グラム入っているというだけです。アミノ酸1グラム配合といわれても、一般消費者は「たったの1グラムかぁ」と思うはずです。

このように、**単位や物を変えて人のイメージの錯誤を誘う**ことを、心理学ではイメージ操作の**「シャルパンティエ効果」**として知られています。

これをサロンで活用するには、商品説明のときだけではなく、回数チケットの販売のときにも利用できます。

値段を提示するときは、まとまった大きい単位にして提案をするよりも、小分けした小さな単位で提案します。計算すると同じ金額ですが、提示する金額そのものが低いと、何となく安く感じてしまい、買ってみようかといった購買意欲を訴求できます。

魔法の心理テクニック

・12万円のチケットを販売するとき、
「月々1万円ですよ」

・1万円のサプリメントを販売するとき、
「1日約300円で健康が買えます」

決定のタイミングを逃さない

「損失回避」のあと押し

これまでずっと、お客様は、何らかのお悩みやお困りごとがあってサロンに来店されるとお伝えしました。しかしその一方で、プロスペクト理論（164ページ）によって、未来に起こる悩みごとの解決よりも、今失う現金の損失のほうが、大きな出来事として感じてしまいます。そのことから、長期のメニューの回数チケットを買うことをあきらめてしまうのです。

しかし、本来はお客様にエステをやっていただき、悩みを解決してあげたほうが、絶対にお客様にとって人生のプラスになるはずなのです。

その場合、エステに通うことを意思決定していただくために、**「損をしたくない」「今**

やることがお得」と思っていただけるような仕掛けをしていくとよいでしょう。

魔法の心理テクニック1

たとえば、新規のお客様にご提案するメニューには必ず、期限をつくります。

期限と金額と定価を提示し、このメニューは今月のキャンペーンになっていて、定価より◯◯パーセントお得になっているとして、金額も提示します。

このキャンペーンは15名限定となっていて、残り3名です、というご提案をすると、買うか買わないか悩んでいたお客様は、ここで決断を下さないと損をすると考え、決断を下すことが多くあります。

魔法の心理テクニック2

また、即決を促すためには、次のような文言であと押ししてみてください。

「本日のご契約で、さらに◯◯パーセント引きになり、ナント、××という商品も1個プレゼントさせていただいております」

このような仕掛けをつくらないと、多くのお客様は、「考えます」と言って、やるかやらないかの決定をいったん自宅に持ち帰ります。そうすると、9割以上のお客様はやらないという判断を下すようになります。

当然ですが、**お客様が「エステをやったほうがいい」「エステに通ったほうがいいかもともっとも強く思えるのは、エステを体験し、必要性を理解できた日**です。その日を逃すと、エステに対する気持ちが少しずつ冷めていきます。

つまり、お客様は、悩みを解決するための方法論を逃すことになり、また今まで同様、毎日悩む日々を迎えることになるのです。そうするとお客様の未来は変わりません。せっかく未来を変えるチャンスがあるのにそれを逃すことになってしまいます。

そうならないためにも、サロンで、お客様のエステに対する気持ちが一番高まっているときに、決定してもらえる仕掛けが大切なのです。

三つの選択肢、あなたならどれを選ぶ？

松竹梅の法則

サロンで、エステメニューを提示する際にお客様に一つだけの提案となると、お客様の心理としては、その提案されたメニューをやるかやらないかの判断になります。すると、その商品に対するお客様の印象が、否定的になってしまう場合があります。

たとえば、和食屋さんのランチメニューで、
松＝2000円　竹＝1500円　梅＝1000円
となっていると、真ん中の「竹＝1500円」のメニューが圧倒的に売れるという話は有名です。

これは、人が何かを選ぶ際に**相対評価を求められると、真ん中を選びがちになる心**

理を持っているからなのです。

サロンでも同じことがいえます。

たとえば、エステチケットであれば、サロンに5回券しかないと、お客様へのご提案は、この5回券の一つになってしまいます。すると、前述したように、この5回チケットを買うか買わないかの判断になってしまうため、買わないという判断を下すケースが増えてしまいます。そこで、回数チケットをご提案するのであれば、たとえば、

5回＝5万円、10回＝9万円、15回＝13万円

というように、三つのプランを準備します。それぞれのメリット、デメリットをお話しして、真ん中の10回券を選びやすくするとよいでしょう。

化粧品やサプリメントを販売するときも、1個の金額をご提案するのではなく、これもエステメニューと同様に3個セット、2個セット、1個などと三つのプランを準備してご提案します。1個の商品が安く見えるようになり、最低でも1個を買ってもらえるケースが増えます。

・エステメニューのつくり方の例

お手軽45分コース、しっかり60分コース、大満足90分コースなど、三つのコースを準備しておくと、真ん中の60分コースがたくさん出るようになります。

サロン側として買っていただきたい商品を真ん中にしておき、それよりも高額な商品を準備し、さらには、価格が安くて、性能や機能も劣るような商品を準備し、一緒にご提案すると、心理的に真ん中の商品を受け入れやすくなります。

リピート率を上げる「止めるともったいない」の活用

サンクコスト効果

あなたは、友だちとゲームセンターに行きました。ゲームセンターのＵＦＯキャッチャーが１回２００円でできたとします。欲しいぬいぐるみを狙っているうちに５回やったとします。ぬいぐるみは、少しずつ取れそうなところまで来ています。でも今日使うお金は１０００円と決めているので、もう少しのところまで来ているけれど、使うの止めようと思っていました。

でもそのとき友人に、「えー、今止めるの？　もったいないよ、あと少しだから頑張ろうよ」と言われてしまい、そうだなと思って、ついついもう何回かお金を使ってやることになりました。

結局、一つのぬいぐるみを取るのに、３０００円も使ってしまいました。

あなたも、こんな経験あると思います。

これは、**今まで使ってきたお金や時間を、今止めてしまったら、むだになるからもったいないと思ってしまう心理現象のことで、行動経済学ではコンコルド効果、経済学ではサンクコスト効果**といわれています。

これは、サロンでもよく活用される心理です。お客様に都度払いで来ていただくより、最初にチケットを買っていただくことで、サロンへの来店を促すことができます。

最初にチケットを買われたお客様は、せっかくチケットがあるのだから、サロンに行こうと思ってしまいます。これが、都度払いだと、その心理が働かず、サロンによっぽどの必要性や価値を感じなければ、行かなくなります。

ちなみにこの心理効果は、**金額面、施術の成果面、両方のお客様トークに活用できます。**

魔法の心理テクニック

「せっかく、今日、筋肉をほぐして、体が軽くなったのに、今週来られないなんて、今日の1回がすごくもったいないですよ。なのでぜひ、今週もう1回来ませんか？」

「せっかく3か月間頑張って5キログラムも痩せたのに、ここで止めてしまうのはもったいないですよ。あと2か月頑張って、目標の体重までいきましょう」

「サプリメントをここで止めてしまうなんてもったいないですよ。せっかく、むくまなくなってきたとおっしゃっていたのに、ここで止めたら、頑張って体質改善をしてきたこの2か月間がもったいないですよ。この2か月間をむだにしないためにも、もう少しサプリメントを活用しましょう」

「お肌にハリと潤いが出てきたので、これからどんどん肌質が変わっていきます。ここで、今のフェイシャルを止めるのは、もったいないですよ。肌質を変えるところまでいけば、○○様が悩んでいた肌トラブルが起きにくいお肌になります。毎日すっぴんを見るのが楽しくなると思います」

商品のメリットを最大限に活かす伝え方

親近効果

A「あの人イケメンだけど、性格が弱々しいよね」
B「あの人性格が弱々しいけど、イケメンだよね」

この文章を読んで、AとBでは、この人に対してどちらに好印象を持つでしょう。
ほとんどの方は、Bになると思います。

これは、**親近効果**といわれます。**人は、あとの言葉の印象のほうが記憶に残りやすいのです。**

つまり、商品でも、メニューでも、何かお客様にお伝えするときは、ネガティブな情報を先に伝え、ポジティブな情報、つまりメリットを最後に伝えると、最初に伝えたネガティブな情報の記憶が薄れます。

魔法の心理テクニック

「こちらの化粧品は、1万円と、少し高くなっていますが、実は180ミリリットルとたっぷり入っております。通常1か月しか持たないところですが、こちらの化粧品は2か月間持ちますので、非常にお得になっています」

「こちらのメニューなんですが、コリをしっかりとほぐすために、強めに行っていきます。少し痛いとおっしゃるお客様もいらっしゃいますが、施術が終わったあとに、肩が軽くなったり、むくみが取れたりと、たくさんのお客様に効果を実感していただいております」

二者択一でお客様に選ばせる

フォースのテクニック

あなたは、洋服屋さんで定員さんにすすめられて、ついつい予定しなかった買い物をしたことはありませんか？　洋服屋さんの定員さんが、心理テクニックを知っていたのかどうかはわかりませんが、断りにくい状況になって、つい買ってしまう。では、どんなときにその状況が起こるのでしょうか？

あなたが、洋服屋さんに入って商品を見ています。

店　員「本日はスカートをお探しですか？」
あなた「はい」
店　員「ロング丈と、ショート丈だと、どちらがお好みですか？」

あなた「そうですね、ロング丈のほうが好みです」
店　員「こちらはいかがですか？　お客様にぴったりだと思いますよ、ぜひ一度試着してみてください」
あなた「そうですか、では試着してみます」

そして、あなたは、試着をして、似合いますねなどと言われ、何となくその気になって、買うつもりもなかったスカートを買ってしまう。実はこのようなケースは、非常に多いのです。

これは、**二者択一で相手を操作する、フォースのテクニック**と呼ばれるものです。フォースとは「強制」を意味し、**二者択一の質問で強制的に答えてもらい、最終的には自分の希望どおりにしていくことです。**

店員さんが「スカートはロング丈と、ショート丈ではどちらが好み？」と質問しました。あなたはつい好みを答えます。そして、その好みのスカートを持って来て試着を促されました。あなたは、好みを答えてしまった以上、そこで断ることができなくなってしまいます。そして、何となくスカートを買ってしまうのです。

実は、スカートの好みを二者択一で迫られたときに、いりませんと断ることもできたはずです。でも人は、質問には答えてしまう無意識の反応があるので、答えてしまうのです。


サロンでも、このように二者択一の質問をして、強制的に断れない状況をつくっていくこともできます。

魔法の心理テクニック

「ウエストと太もも、どちらを細くしたいですか?」

「お肌のハリや潤いと、小顔やリフトアップ、どちらにご興味ございますか?」

「サロンに通うなら、5回と10回だと、どちらがご希望ですか?」

「サプリメントですが、3個セットと2個セットなら、どちらがよろしいですか?」

商品を安く感じる価格の見せ方

ドア・イン・ザ・フェイス

「ドア・イン・ザ・フェイス」とは、断られるほどの大きな要求を最初に出し、それが断られたら、小さな要求に変えて承諾してもらう、営業や交渉ごとにおける代表的な心理テクニックです。

たとえば、友人から、いきなり「100万円貸してくれないかな」と言われたら、いかがでしょう。

おそらく、「え、それはちょっと難しいな」と思い、断るはずです。そして次に、「じゃ、10万円でもいいから貸してくれないかな」と言われたら、「10万円ならいいよ」と承諾してしまうのではないでしょうか。

これが、ドア・イン・ザ・フェイス、いわゆる譲歩的な要請といわれる、会話の流れになります。

人は誰かの要求を拒否してしまうと、断ったことに対する後ろめたさや、罪悪感を感じる場合があります。そのあとにレベルを下げた要求がなされると、下げてくれたお返しとして受けるという、譲歩に対する返報性の心理に働きかけるものです。こちら側の要求や提案を何度か断らせることによって、罪悪感を生じさせ、提案を承諾してしまう流れをあえてつくるのです。

この心理テクニックは、意外と使われています。セールスの場や企業間の交渉だけでなく、親子、恋人同士でも、このテクニックを利用できます。

何かしてほしいことがあるとき、はじめに出す要求を、自分が思っているより大きなものにして相手に断らせ、要求のレベルを下げていって、最終的に自分が思っている要求を通す、ということをしている人はいるのではないでしょうか。

サロンでは、クロージングのときに、あえてお客様が受け入れがたい難易度の高い高額な金額を提案して断らせます。その後、少しずつ金額を下げていき、最終的にこちらの想定内の金額で着地するのです。

魔法の心理テクニック

スタッフ「お客様がリバウンドしない体になるためには、6か月間必要です。なので金額は50万円になりますね」

お客様「うーん……6か月は長いし、50万円はちょっと高いから無理かなぁ」

スタッフ「では、4か月でできる30万円のプランならいかがですか」

お客様「4か月かぁ、なんとかなるかもしれないけど、それでも少し高いなぁ」

スタッフ「それなら、減量2か月コースでいかがでしょう。金額は15万円になり、始めやすいプランです」

お客様「それならできそうです」

いつの間にか高額商品を手にしているお客様

フット・イン・ザ・ドア

知らない人にいきなり、「お金を貸してください」と言われたら、おそらく断ると思います。しかし、道を教えてほしいんですが……と言われると、教えてあげる人は多いと思います。

そして、その見知らぬ人が、「すごくいい人なんですね。助かりました。ありがとうございます」といい、最後に「すいませんが、財布を落としたようで、お金を貸していただけませんか？」とお願いすると、お金を借りられる確率が上がるのです。

相手の心のドアを少しでも開けてしまえば、そのまま足を突っ込んで、さらに心のドアを大きく開けていく方法です。人はいきなり大きな要求をされると、拒否してしまいたくなります。

しかし、ちょっとした要求を受け入れてもらえたら、そのあとに大きな要求をすると通りやすくなります。**ちょっとしたお願いごとを受け入れてしまうと、一貫性の原理により（158ページ）、次のお願いごとも受け入れてしまうのです。**

この人間の心理を利用したテクニックです。

身近な例では、スーパーでよく見る試食販売も、同じようなテクニックになります。商品を売っているだけよりも、一度商品を試食してもらうと買ってもらいやすくなります。買うという前に、ちょっと食べるというステップを踏むことによって、商品を買おうという気持ちが働きます。

特にこの場合は、試食をさせてもらったんだから、お返しに買わなければという**返報性の原理**も働きます（147頁）。

では、サロンでこのテクニックを応用すると、どのようなことができるでしょうか。

サロンの化粧品を一度も使ってくださったことのないお客様に、いきなり化粧品を販売しても買っていただけません。

まずは、一度、手でもいいので使用してもらう。または、その化粧品を使ったフェイシャルエステなどのお試し体験をしてもらう。そうすると、最終的に化粧品の提案が通りやすくなります。

魔法の心理テクニック

今まで試したことのないメニューを、キャンペーンなどで、一度購入してもらいます。そうすると、一度、サロンで商品を買ったという実績ができますので、そこから、お客様のフォローをしっかりと行いながら、最初に販売したものよりも少し高い商品や、少し長期のプランなどをご提案していきます。

おわりに

私は、大学を卒業し、大手エステサロンに就職しました。2年でエリアマネージャーまで昇進することができました。しかし、入社して1年は、ほとんど何も売上を上げることができていませんでした。

「なぜ、こんな高い化粧品やサプリメントを販売しなければならないのか」

「こんなに高いものを、買う人はいない」

と思っていました。

自分にはエステティシャンという職業は向いていないと思い、何度も辞めることを考えていました。

しかし、あるとき、サロンに通っている20代のお客様が突然、「このサプリください」と言ってきたのです。私は驚きました。なぜなら、1万8000円もする商品だったからです。このお客様は、分割払いをしていて、収入もある程度知っていました。だから、サロンスタッフ全員が、このお客様はもうサロンに使うお金はないと思い、「商品をすすめてはいけない」、そう思っていました。

私はこのお客様にたずねてみました。

「なぜこちらを購入されるんですか?」

そうしたら「この商品を使うのと使わないのとでは、疲れの取れ方が違うんです。これを飲み出してから体調がいいんです」とおっしゃいました。

このとき私は、今までの自分の考え方は間違っていたと気づいたのです。

多くのお客様に対して、「この人はお金がない」「こんな高いものは買わないだろう」と思っていました。

しかし人は、**必要性を感じ、価値を理解できれば、どんな高いものでも購入する**ということがわかったのです。

このときを境に、私は自分の勝手な価値観でお客様を判断することを止めました。そして、**お客様の悩みや、ニーズをしっかりと聞くようにし、本当に必要なのかどうかを判断する**ようにしたのです。

そうすることで、実はお客様はいろいろな悩みを持っていて、いろいろな目標や夢を持っていることがわかりました。今までの自分の接客では、お客様の本当の気持ちを引き出せていなかったのがわかりました。

この本当の気持ちを引き出すために、私はたくさんのことを学び、行きついたのが、顧客心理の理解と接客スキルの必要性でした。

なぜなら、本当の気持ちを引き出すためには、**まずお客様に「信頼」してもらわなければなりません。**どうしたら信頼してもらえるのか？

そして、エステを本気でしたいと思ってもらうためには、どうやって話を進め、どんな話し方で、どんな商品提案の方法が大切なのか、など、**顧客心理を理解すること****が重要**ということがわかりました。

どんなに、お客様をキレイにしたい気持ちがあっても、あなたの気持ちがお客様に正しく伝わらなければ、その気持ちは残念ながら意味をもちません。

たとえるなら、好きな人につき合ってほしいと思っているときに、相手に好きという気持ちをしっかりと伝えなければ、相手はわかってくれません。逆に、好きという気持ちを出しすぎてしまうと、ストーカーのように感じられてしまい、その恋は終わってしまいます。

このように、すべては、相手の気持ちに沿った、そのとき、そのときの最適な行動、会話、伝え方があるということなのです。そのスキルを身につけるだけで、あなたの気持ちは、お客様に何倍にもなって伝わるでしょう。

この書籍を何度も読んでいただき、実践を繰り返していただければ、きっとあなたの想いはお客様の心に届くことでしょう。そして、サロンの売上はどんどん上がるはずです。これからの、サロンでのあなたの活躍を期待しています。この書籍を読んで、お客様の笑顔が増えているあなたのサロンが目に浮かびます。最後まで読んでいただき、本当にありがとうございました。心から感謝いたします。

最後に、この書籍の企画、構成、編集に至るまで終始アドバイスをしてくださった、BABジャパンの東口社長、そして編集の福元様に深く感謝いたします。また、忙しい日々を笑顔で応援してくれている家族に感謝いたします。ありがとう。

小野浩二

小野浩二（おの こうじ）

日本スキンケア協会代表理事。株式会社シードリーム代表取締役。日本ダイエット健康協会理事。新潟県村上市出身。大学卒業後、大手エステサロンに入社。「指名ゼロ」「売上ゼロ」を経験。練習に次ぐ練習で、社内の技術、売上、カウンセリング契約率NO.１になる。本店店長を務め、わずか２年でエリアマネージャーに。その後、科学的なエビデンスをもとに成果を出す施術、自身の成長を目指し、大学院に進学してダイエット、生活習慣病などの研究を行う。2008年エステティックコンテスト全国大会で１位となり、「エステ王子」としてメディアで話題になる。現在は、メンタルヘルスカウンセリング、コーチング、心理学の要素を取り入れ、サロン用にブラッシュアップした実践的なカウンセリングの指導を行う。そのノウハウは売上に直結すると定評があり、サロンコンサル、企業研修、セミナーなどで全国を飛び回る。著書に『この１冊でサロンメニューが増える！　サロンで使える実践フェイシャルテクニック』（小社刊）、『一瞬で人が育つ人気サロンで使っている魔法のことば』（ぱる出版）、『なぜ、一流の男は肌を整えるのか？』（あさ出版）、ＤＶＤに『サロンでスグに使える　フェイシャルテクニック入門』（小社刊）等多数。

HP　http://esthe-oji.com/
blog　https://ameblo.jp/esthe-oji/
Instagram　esthe_oji
Facebook　https://www.facebook.com/esthe.oji

お客様の「喜び」「納得」「満足」を120%引き出す！

接客・会話
5つの魔法

2020年5月10日　初版第1刷発行

著　者　小野浩二
発行者　東口敏郎
発行所　株式会社BABジャパン
〒151-0073 東京都渋谷区笹塚1-30-11　4・5F
TEL　03-3469-0135　　FAX　03-3469-0162
URL　http://www.bab.co.jp/
E-mail　shop@bab.co.jp
郵便振替　00140-7-116767
印刷・製本　中央精版印刷株式会社

ISBN978-4-8142-0287-4 C2063

Design　Kaori Ishii
Illust Suetsumu Sato

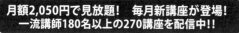

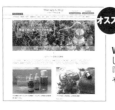